Günther Mohr
Selbstfindung

Die Alternative zur Menschine I

© 2018 Günther Mohr

Verlag und Druck: tredition GmbH
Halenreie 40-44, 22359 Hamburg

ISBN
978-3-7469-1297-4 (Paperback)
978-3-7469-1298-1 (Hardcover)
978-3-7469-1299-8 (e-Book)

Inhalt

Vorwort 7

Die anstehende Veränderung im 21. Jahrhundert 10
    Die geschafften Aufgaben: Hunger und Seuchen
    Die neuen Aufgaben: Den Tod besiegen und Glück schaffen
    Das Geistige und das Bewusstsein
    Was macht die Überlegenheit des Menschen aus?
    Der freie Wille
    Das erlebende und das erinnernde Selbst
    Algorithmen und Datenreligion
    Alternative zur Menschine

Der erste Zugang: Im Alltag sein Selbst finden 35
    Alltag, Zazen und bewusst werden
    Zen-Übung und Alltag
    Reduzieren und Abstand gewinnen
    Aufwachen
    Die unmittelbare Wahrnehmung
    Die Zeit der Entwicklung
    Verschiedenes Erleben im Aufwachen
    Übungen, Koans und Geschichten
    Ich, Du und Bewusstsein
    Anders arbeiten und Reduzierung im Leben

Der zweite Zugang: Fühlen lernen 59
    Der Kernpunkt der Reise: „Alles fühlen"
    Wie können wir die Initiative wiedergewinnen?
    Was aber ist mit den Gefühlen im Alltag?
    Der Körper spürt, die Seele fühlt
    Die Reise in die Tiefe
    Der Weg zu sich selbst
    Akzeptanz und Hingabe
    Körper
    Die tieferen Erfahrungen
    Loslassen

Der dritte Zugang: Das Leben annehmen   77
    Das Leben annehmen
    Unter die Bedürfnisse kommen
    Ziele setzen
    Der Weg

Der vierte Zugang: Ent-täuschung   86
    Das gedachte Ich
    Das innere Gedankenfeuerwerk, der Film
    und die Angst
    Wir sind Angst
    Wie man aus dem Nichts doch ein Etwas macht
    Zufriedenheit im Leben
    Ziele setzen
    Zen-Übung
    Würdigung des Ich-Konzeptes
    Das Gute und Richtige
    Fühlen
    Zur Entstehung der Nicht-Zen-Haltung
    Die Angst

Resümee: Als Individuum im 21. Jahrhundert   109
Ausblick   111
Literatur   112

Vorwort

Wie lernt der Mensch, mit der heutigen Welt zurecht zu kommen? Wie schafft er Zufriedenheit mit sich selbst? Die „Alternative" setzt der pessimistischen Vorstellung für die Zukunft des Menschen als „Menschine", einer schlimmen Vision, ein konstruktives Lebensgestaltungsprinzip entgegen. „Menschine" bedeutet eine aus technischen Einbauten in den Körper sowie chemischen Glücksbringern und Altersverlängerern bestehendes Leben, wie es von interessierten Wirtschaftsbereichen nahegelegt wird.

Aber ist der Mensch dann noch derselbe? Dies ist zu bezweifeln. Der Mensch sollte Mensch bleiben. Aber dafür muss er ganz andere Erkenntnisse nützen als die, die in den letzten Jahren und Jahrzehnten im Mainstream von Politik, Wirtschaft und Wissenschaft standen. „Die Alternative" heißt also auch: Wir sollten uns nicht selber abschaffen. Wir sollten Erkenntnisse nützen, die das Menschsein in der Tiefe berühren.

Dieses Buch ist der erste Teil einer Trilogie: dieses erste hier zum Individuum, ein zweites zur Beziehung zwischen Menschen („Dialog und Resonanz"), dem Zwischen-menschlichen und das dritte zum Menschen in Organisationen („Lebendige Organisation").

Der vorliegenden Band „Meditation statt Menschine"
startet mit der allgemeinen Ausgangsfrage „Wo steht der
Mensch gerade und vor welchen Herausforderungen?"
Zur Betrachtung dieser Fragen habe ich mich zunächst
an den Kernpunkten der Analyse des Historikers Yuval
Harari orientiert, der den heutigen Stand der sich andeu-
tenden Zukunft sehr gut zusammenfasst, aber auch eine
kritische Würdigung verdient. Dann werden Haltungen
und Vorgehen vorgestellt, die dem durchaus pessimistischen Zukunftsbild, das Harari von den Menschen
zeichnet, eine praktische Alternative gegenüberstellt:
den Weg des Erkennen der eigenen Natur des Menschen
und seiner Möglichkeiten. Die Frage des „Wer bin ich?"
und auch im Zusammenwirken des „Wer sind wir?", die
mithin als die zentrale Fragen des Lebens bezeichnet
werden, stehen dann im Vordergrund.   Dennoch ist
schon manches von anderen vorher ähnlich erlebt worden und sie haben es auch prima dargestellt. Deshalb
beziehe ich mich deutlich auf die Konzepte des Zentrums
für Achtsamkeit und Meditation, die im „Benediktushof"
in Holzkirchen gelehrt werden. Die diskutierten vier
Konzeptbausteine

- zur Praxis der Achtsamkeit im Alltag,
- zum Umgang mit „dem" Charakteristischen des Menschen: den Gefühlen,

- zur Annahme der Lebensaufgabe, des Lebensschick-
  sals,
- und zur realistischen Haltung zum eigenen Ich

geben eine hervorragende Lebensanleitung für das, was
im 21. Jahrhundert den Menschen unterstützen kann.

Die anstehende Veränderung im 21. Jahrhundert

Im Folgenden zeige ich in kompakter Darstellung entlang der Argumentationsschritte von Hararis Analyse „Homo Deus" die voraussichtliche Entwicklung im 21. Jahrhundert auf und ordne seine Befunde kritisch ein.

Die geschafften Aufgaben: Hunger und Seuchen

Die alten Geißeln der Menschheit, wie Hunger und Seuchen, sind besiegt. Mit diesem Paukenschlag beginnt der Historiker Yuval Harari seine Betrachtung der Zukunft. Aber stimmt das wirklich? Hungersnöte würden nicht mehr aufgrund mangelnder Möglichkeiten der Ernährung der Menschen entstehen, sondern die, die unglücklicherweise noch aufträten, sind von Menschen gemacht und politisch hergestellt. Die Menschheit produziere genügend Nahrungsmittel für alle. Im Gegenteil: Heute seien 2,1 Milliarden Menschen übergewichtig, nur 800.000 sind zeitweise vom Hunger bedroht. Das Besiegen des Hungers, vor allem durch die beiden großen Länder, China und Indien, ist ein großer Erfolg, genauso wie die Tatsache, dass neuere Seuchen wie Ebola, Vogelgrippe oder AIDS im Vergleich zu früheren Seuchen nur noch begrenzte Opferzahlen erzeugen. Zwar ist Hararis statistische Betrachtungsweise von Themen wie Hunger und Seuchen nicht falsch, aber eben eine statistische Durchschnittsbetrachtung und sie hilft denen, die immer noch akut von Hunger betroffen sind, wenig. Andererseits zeugen solche Ergebnisse tatsächlich davon, wie Ressourcen in der Welt eingesetzt werden können und sind daher von Relevanz. Sie werfen die Frage auf: Worauf richten sich die Anstrengungen von Gesellschaft und Wissenschaft?

Die neuen Aufgaben:
Den Tod besiegen – Glück schaffen

Die noch anstehenden Ziele der Menschheit sind hingegen: Das Besiegen des Todes und das Schaffen von Glück. Der Tod verstößt eindeutig gegen „den Wert des menschlichen Lebens". Deshalb könnten bald die, die sehr viel Geld haben, es sich leisten, durch die moderne Medizin ihr Leben verlängern zu lassen. Für das Ziel des Glücks, das interessanterweise schon und gerade in der amerikanischen Verfassung auftaucht und laut Harari ein zweites großes Ziel im 21. Jahrhundert ist, sammelt er interessante Befunde. Soziologisch gibt es eine Art gläserne Decke des Glücks. In Singapur liegt das durchschnittliche Jahreseinkommen bei 56.000 Dollar, in Costa Rica nur bei 14.000 Dollar. Trotzdem sind die Costaricaner, wenn man sie fragt, glücklicher als die Menschen in Singapur. „In Peru, Guatemala, den Philippinen und Albanien – Entwicklungsländern mit Armut und politischer Instabilität – nimmt sich etwa einer von 100.000 Menschen jedes Jahr das Leben. In reichen und friedlicheren Ländern wie der Schweiz, Frankreich, Japan oder Neuseeland begehen hingegen 25 von 100.000 Menschen Jahr für Jahr Selbstmord" (Harari, 2016, S. 50). Und während in Korea die Rate der Lebensmüden in 30 Jahren von neun auf 30 gestiegen ist, hat es in den USA und Japan zwischen den 1950er und den 1990er Jahren kaum eine Veränderung ergeben. „Unser biochemisches System ist darauf gerichtet, dass es unsere Chancen auf Überleben und Reproduktion steigert, nicht aber unser Glück" (ebenda, S. 56).

Ich selbst schließe daraus: Also scheint nicht die nach oben offenen Summe von zu kaufenden Events Glück auszumachen, sondern etwas anderes, eher eine Art Haltung, etwa wenn man ein Auskommen hat und damit wertschätzend und zufrieden umgeht.

Harari, der, wenn er nicht forscht, interessanterweise regelmäßig Vipassana-Meditation, eine indische Form stillen Sitzens, praktiziert, fragt sich dann: Was hatten die Menschen dazu an Lösungen parat? Schon der griechische Philosoph Epikur warnte seine Schüler vor Maßlosigkeit. Buddha ging sogar noch weiter und deutete an, dass das Streben nach angenehmen Erfahrungen die Wurzel allen Übels ist. Ab einer bestimmten materiellen

Stufe entsteht Glück nicht mehr durch Externes, sondern im einzelnen Menschen. Harari ist allerdings der Auffassung, man werde an diese Themen mit der Biochemie herangehen, weil dies bequemer ist. Und dieser Weg habe lange begonnen mit der stetig steigenden Vergabe von Psychopharmaka. Durch diese chemischen Eingriffe würde der Mensch mittelfristig in seinem Wesen wirklich verändert.

Das Geistige und das Bewusstsein

Im nächsten Schritt werden als typisch für den Menschen angesehene Charakteristika betrachtet. Was ist eigentlich der Mensch? Auf dem Wege der Erforschung, was den Menschen auszeichnet, geht es deshalb auch um die Frage Was ist das rein Geistige? Gibt es sowas überhaupt? Gibt es etwas, was nicht mehr durch biologische Abläufe erklärbar ist? Ist der Mensch eigentlich ein geistiges Wesen oder ist alles nur ein chemischer und elektrischer Ablauf? Die Hirnforschung ist ja sehr rege. Harari macht hier den Hype der biologischen Hirnforschung nicht mit. Es ist trotz vieler Hypothesen nicht wirklich bekannt, was ein Gedanke biologisch ist. Keiner hat ihn bisher biologisch identifizieren können. Ein schönes Beispiel dazu ist eine zirkuläre Frage. Was passiert im Gehirn, wenn auf einmal mehrere Aspekte zusammengeführt werden müssen? Harari wählt dazu ein etwas skurriles Beispiel und stellt dazu die Frage an den Leser: Was denkt wohl Homer Simpson zur Affäre von Bill Clinton und Monica Lewinsky? Darüber habe der Leser noch nie nachgedacht, also muss sein Geist bisher nicht miteinander verbundenen Erinnerungen zusammenführen. Es gebe hier Thesen, wie das passieren kann, etwa die des „globalen Verarbeitungsraums" („global workspace") im Gehirn. Dies ist aber nur eine Metapher. Aber wie sieht es bei diesen Prozessen wirklich aus? Spätestens bei solchen zirkulären Prozessen wie in der Beispielfrage ist Hirnforschung blank. Festzuhalten ist: Davon wissen wir trotz aller Fortschritte der Neurowissenschaften im Grunde noch nicht viel. Der Hype der Neurowissenschaften hat Einiges bestätigt, was die Psychologie schon lange wusste, etwa, dass das Unbewusste bei Entscheidungen viel entscheidender ist als das Bewusste. Aber einen differenzierten Gedanken konnte man hirnphysiologisch noch nicht bildgebend beobachten.

So habe ich den Frankfurter Neurowissenschaftler Wolf Singer kürzlich auf einem Symposium die These vertreten hören, dass alles im Gehirn stattfinde, „wo denn sonst?" (Singer, 2017). Klingt plausibel, dennoch wissen wir durch die Neurowissenschaft – trotz vieler schöner Bilder zu manchen groben emotionalen Prozessen über das differenzierte kognitive Funktionieren und das Denken – noch relativ wenig.

Die nächste Frage, die eng mit dem Geistigen verbunden ist, bezieht sich auf das Bewusstsein. Wieso brauchen wir überhaupt Bewusstheit bei manchen Dingen, die wir tun? Denn 99 Prozent aller Vorgänge im Menschen passieren ohne Bewusstsein. Wofür ist das Bewusstsein wichtig? Wir wissen es im Grunde nicht. Ebenso wenig hat man aber bisher eine Instanz für das Ich entdeckt. Auch hier bestehen viele Hypothesen und Plausibilitäten, aber kein Wissen. Es wurde bislang keine Steuerungsinstanz für das Bewusstsein im Gehirn gefunden. Da ist keine Instanz, der ein Vorschlag eingereicht wird und die dann entscheidet, analog wie man heute Firmen, Behörden und andere Organisationen gestaltet. Aber selbst dort hier rückt man langsam davon ab, wie die neueren Organisationskonzepte von Laloux (2016) oder Robertson (2016) aufzeigen, die den Abschied der noch aus der militärischen Tradition resultierenden Führungskonzepte in Organisationen propagieren und praktische Alternativen aufzeigen (siehe Trilogie – Teil III).

Harari argumentiert: Verglichen mit einem algorithmisch funktionierenden Kaffeeautomaten, der nach allem was wir wissen, kein Bewusstsein hat, sind tierische Lebewesen, inklusive des Menschen hier anders. Aber wie ist es mit dem Bewusstsein? Haben nur wir Menschen eins? Was wissen wir wirklich darüber? Eine ganze Reihe von Experimenten geben hier interessante Hinweise, das nicht nur der Mensch Bewusstsein hat: Der Affe in einem schwedischen Zoo, der Steine auf Zuschauer wirft und diese morgens, lange bevor die Zuschauer kommen, schon sammelt und sie sogar unter Heu versteckt, damit er die Zuschauer überraschen kann. Auch Ratten, die für einen Psychopharmakatest genutzt wurden, wurde Bewusstsein unterstellt. Sie wurden in einen Wasserbehälter geworfen, aus dem sie nicht mehr herauskamen. Die meisten kämpften zirka 15 Minuten und ließen sich dann buchstäblich hängen. Einige, die man im Test nach 14 Minuten – also kurz vor dem Aufgeben – herausholte, kämpften beim nächsten Mal – aus der ersten positiven Erfahrung heraus – sogar 20 Minuten. Das Pferd Hans, das in den 1900er Jahren in Deutschland als Rechenkünstler ausgestellt wurde, offenbarte ein ganz anderes Talent. Wenn man das Pferd fragte: Wieviel ist vier mal drei, klopfte es tatsächlich zwölfmal mit dem Huf. Bei näherer Betrachtung stellte sich allerdings heraus, dass das Pferd nicht rechnen konnte, sondern eher ein hervorragender Beobachter war und das nonverbale Verhalten seiner Zuschauer sehr gut wahrnehmen konnte. Es stellte deren sich steigernde Aufregung fest, die bei 12 dann zum Höhepunkt kam. Und es hörte auf, weil es die Erleichterung der Zuschauer spürte. Aber eine Begründung, warum es Bewusstsein gibt, zeigt das noch nicht.

Festzuhalten bleibt, dass Menschen zumindest nicht rational-logisch funktionieren, schon gar nicht nach der Homo-oeconomicus-Hypothese, wie das Ultimatum-Experiment zeigt. Dieses Experiment führe ich auch selbst gerne in Seminaren mit kleinen Geldbeträgen durch, weil es sehr erkenntnisreich ist. Einem Menschen werden hundert Dollar zur Verfügung gestellt unter der Bedingung, dass er jemand anderen einen Teil davon abgibt. Aber er muss ihm so viel abgeben, dass der andere dem Deal zustimmt, sonst bekommen beide nichts. Die meisten Menschen können sich soweit in den anderen hereinführen, dass sie vorschlagen zwischen 40 und 50 Dollar abzugeben. Die ebenfalls mögliche Alternative nur einen Dollar abzugeben, könnte dazu führen, dass der Andere diesen einen Dollar gar nicht will, weil er den Deal als ungerecht empfindet. Dann würden beide leer ausgehen. Das Resultat ist, der Homo oeconomicus, der rational vorgeht und einen geldlichen Vorteil maximiert, existiert nur in der Theorie der Ökonomen (Mohr, 2015).

Harari weist hier wie schon in seinem ersten Buch „Eine kleine Geschichte der Menschheit" darauf hin, dass auch Tiere Bewusstsein zu haben scheinen. Denn ebenso ärgerlich wie der Mensch, wenn er sich verschlechtert, reagiert ein Affe in einem Experiment, der zunächst freudig eine Gurke als Belohnung für eine Aufgabenerfüllung annahm. Als er sieht, dass sein Kollege für die gleiche

Sache mit der viel begehrteren Kirsche belohnt wird, wirft er die Gurke in die Ecke. Vieles spricht für Bewusstsein bei Tieren. Harari nimmt diese offensichtliche Verbreitung von Bewusstsein auf und kritisiert daraufhin die Brutalität, mit der Menschen ihre Nutztiere, die ihnen das Fleisch geben, behandeln und deren Gefühle mit Füßen treten.

Was macht die Überlegenheit des Menschen aus?
Jetzt wieder zu Harari, der fragt: Was unterscheidet dann noch den Menschen vom Tier? Sehen, hören, schnell laufen, Kraft aufwenden, all das scheinen andere Lebewesen besser zu können. Als Einzelne sind wir ziemlich schwach. Aber da gibt es etwas, das uns zu eigen ist. Es sind die großen Geschichten und Erzählungen, die wir Menschen gerne gemeinsam glauben. Narrative unterscheiden uns. Es sind die „Religionen", die aus der Konstruktion der Menschen entstehen. Und dies meint nicht nur die klassischen Religionen, sondern alle „Glaubenssysteme". Es sind Aneinanderreihungen von plausiblen Gedanken, die zu einem bestimmten Zeitpunkt die Anhängerschaft vieler Menschen finden. Damit legt er den Hauptunterschied des Menschen zu anderen Artgenossen – im Übrigen auch zu den lange Zeit mit dem Homo sapiens lebenden anderen Menschenarten – nicht in irgendwelchen objektiven Merkmalen des Menschen.

Interessanterweise ist der kulturelle Bereich der Entscheidende. Mir fällt dazu das Vier-Quadrantenmodell von Ken Wilber ein, in dem die vierte Ebene die eigentliche Interessante und Kraftvolle ist:

- objektiv-individuelle Merkmale (Alter, Gewicht, Gehirn-masse, ...)
- objektiv-kollektive Merkmale (Zahl der Menschen, Verbreitungsgrad, ...),
- subjektiv-individuelle Aspekte (persönliche Gefühle) und
- subjektiv-kollektive Aspekte (Kultur, ...)

Unsere Stärke liegt darin, dass wir uns einen gemeinsamen Reim auf die Dinge machen. Der ist nicht von der objektiven Seite, sondern der subjektiven in der Gruppe (subjektiv-kollektiv) zusammengereimt. Selbst größere bis sehr große Menschengruppen neigen dazu, gemeinsam an eine Geschichte zu glauben und daraus ungeheure Motivation abzuleiten. Religionen und politische Ideologien sind Beispiele für solche Geschichten. Menschen funktionieren in großen Gruppen, weil sie an die gleiche Geschichte glauben. In extremen Fällen signalisieren sie sich das sogar gerne mit Aussehen und Kleidung, etwa bei religiösen Gruppen, Sekten oder Rockern.

Und wir sehen, dass die Narrative sich in der Historie sehr verändert haben. Zunächst ging es um die Erklärung von Naturphänomen und deren Beeinflussungsgeschichten. Dann spielte Gott eine größere Rolle. Mittlerweile hat der Mensch sich selbst als Hauptakteur in die Geschichten aufgenommen. Liberalismus, Sozialismus, Kommunismus und Humanismus sind große Geschichten, wie der Mensch sich selbst in den Griff zu kriegen versucht. Damit verwirklicht sich heute die Einschätzung, dass der Mensch eigentlich für sich selbst die zentrale Aufgabe, wenn nicht sogar die größte Gefahr darstellt. Das wird auch im 21. Jahrhundert die Herausforderung bleiben.

Durch die Globalisierung vor allem in der Informationsgesellschaft ist die große, umfassende globale Geschichte angesagt. Beispielsweise stammen die heute vorhandenen großen Religionen aus regionalen Initiativen. In ernster Perspektive sind die großen Religionen heute weiter regional verwurzelt, haben Organisationen mit vielen Würdenträgern gegründet, die sich erhalten müssen und ständig in großer Konkurrenz zueinander stehen. Diese letztlich sozialpsychologische oder soziologische Eigenheit hat den Menschen in Bezug auf organisierte Geschichten und Narrative vermutlich schon gegenüber dem Neandertaler, der eher in kleineren Gruppen unterwegs war, überlegen sein lassen. Es scheint, die Fähigkeit zu sein, größere Kollektive zu bilden. Die Religionen waren lange die großen Geschichten. Aber die Geschichten haben sich verändert.

Zurück zu Harari: „Die Moderne ist eine Übereinkunft. Wir alle unterzeichnen diese Abmachung an dem Tag, da wir geboren werden, und sie regelt unser Leben bis zu dem Tag, da wir sterben" (ebenda, S. 273). Und Gott sei tot, zitiert Harari Nietzsche. Kein Wissenschaftler würde sich heute in einem Artikel auf Gott beziehen, nachdem jahrhundertelang im Westen der Papst den Fortschritt der Wissenschaft kontrollieren wollte. Auch der Humanismus ist ein Narrativ. Er hat keine biologische Basis, ist eine reine Vereinbarung. Vielleicht ist es eine sinnvolle Vereinbarung. Der Humanismus ist die große Religion, der große Maßstabsgedanke unserer Zeit.

Der Historiker Harari fasst damit – und da kann ich ihm nicht folgen – unterschiedliche Formen unter das Dach des Humanismus zusammen, den liberalen, den sozialistischen und den evolutionären Humanismus. Der Humanismus hat das Ziel der Verbesserung der menschlichen Lebensumstände. Dies hätten sogar die kommunistischen auch die evolutionären Formen, zu denen er auch den Faschismus zählt, genauso auf ihre Fahnen geschrieben. Harari wirft hier die nach außen dargestellte Zielsetzung und das wirkliche Gebaren, die Substanz der Narrative gehörig durcheinander.

Aber es gilt: Heute ist der liberale Humanismus dominant. An ihm wird in der Welt alles gemessen. Es macht nachdenklich, dass das auch nur „eine Geschichte" sein

soll. Bei aller Liebe zu Hararis Absicht, große Linien fest-
zustellen, bleibt zu fragen, ob der Humanismus nicht etwas anderes ist. Er ist von den Unterdrückten und Un-
terprivilegierten in der langen Geschichte errungen worden. Dass zum ersten Mal in der Geschichte allgemeine
Regeln (Menschenrechte) vorhanden sind, die allen
Menschen lebenswerte Bedingungen gewähren, ist nicht
zwangsweise in der Biologie des Menschen angelegt, wie
es viele Jahrhunderte menschen-verachtende Lebensbe-
dingungen in aller Welt zeigten, aber auch heute noch
lange nicht gesichert. Es besteht sogar die Gefahr, dass
durch Vergessen der Anstrengungen, die die Freiheit
überhaupt erreicht haben, Elemente der humanistischen
Gesellschaft aufs Spiel gesetzt werden könnten.
Zudem scheint immer wieder ein Widerspruch zwischen
der Nutzung des Ermöglichten aus der technologischen
Entwicklung – das Stichwort der Zukunft ist Menschine
– und der Einbettung dieser Errungenschaften für eine
Entwicklung des Humanen vorzuliegen. In der Regel
wird versucht, durch neues Verfügbarmachen sich auch
neue Machtpositionen anzueignen, mit denen man dann
Menschen dominieren kann. Menschine ist der Mensch,
der durch die Ergänzung mittels Einbau mechanischer,
elektronischer und chemischer Hilfsmittel in den Körper
seine Befindlichkeit und das Altern beeinflusst. Was ur-
sprünglich für medizinische Zwecke und für die Bewälti-

gung von Krankheiten entwickelt wurde, birgt insbesondere für die Reichen in der Gesellschaft die Möglichkeit, Themen wie Glücksempfinden und Begrenzung des Lebens zu behandeln.

Harari erzählt eine fiktive Geschichte eines englischen Ortes von der Zeit der Kreuzzüge bis heute. Um das Jahr 1000 wächst dort ein junger Adeliger im Glauben an den katholischen Gott und die Führung durch den Papst heran, um dann vom Glauben inspiriert, frohgemut in den Kreuzzug gegen Saladin zu ziehen, aus dem er nicht mehr zurückkehrt. Einige Jahrhunderte später ist in England der Papst „der Teufel aus Rom" und England findet seine eigene Stärke und Unabhängigkeit. Später zerfällt das Adelshaus, ein Industriebetrieb entsteht an der Stelle, lässt aber die Menschen in unwürdigen Bedingungen wie Sklaven arbeiten. Wieder zwei Jahrhunderte später, heute, ist dort die Treppe eines öffentlichen Gebäudes, auf der zwei pakistanisch-stämmige Jugendliche in ihre Smartphone schauen. Einer von ihnen empfindet plötzlich den Ruf, den wahren Islam zu verteidigen und beschießt nach Syrien zu gehen, um zu kämpfen. Fazit bleibt, dass das Entwickeln der gemeinsam geglaubten Geschichten die große Stärke des Menschen ist. Da wundert es etwas, dass Harari nicht schlussfolgert, dass genau dafür das Bewusstsein existieren muss. Die geglaubten Erzählungen sind das, was die Menschen zu großen Leistungen wie den Humanismus anspornt, aber auch zu schlimmen Formen wie dem Nationalsozialismus bringt.

Der freie Wille

Eine an das Geistige und das Bewusstsein anschließende Frage ist die nach dem freien Willen. Gibt es nun so etwas wie einen freien Willen? Die Diskussion ist auch in der jüngeren Neuro-Forschung ausführlich geführt worden. Das berühmte Libet-Experiment, nach dem eine Handlungsabsicht schon Sekundenbruchteile, bevor sie ins Bewusstsein kommt, messbar ist, verunsicherte deutlich alle Theoretiker des freien Willens. Auch der Frankfurter Neuro-Forscher Wolf Singer hat die Existenz des so genannten freien Willens in Frage gestellt. Was bestimmt den Willen eines Menschen? Wie entsteht er? Wie zeigt er sich?

Harari präsentiert hier ein Experiment mit einem so genannten Aufmerksamkeitshelm (ebenda, S. 368 ff.). Es gibt hier interessante Aufschlüsse. Da direkte Steuerung des Gehirns mittels Sonden, mit denen man bestimmte Erinnerungen im Gehirn evozieren konnte, heute aus ethischen Gründen nicht mehr so leicht möglich sind, probiert man dies über Helme mit Magnetfeldern. So wurde eine junge Frau, vermutlich eine amerikanische Soldatin, in einen Gefechtssimulator gesteckt und mit auf sie zuströmenden Terroristen konfrontiert. Die Angst überkam sie sehr schnell. Sie hatte das Gefühl, dass alles zu viel war, dass Angst und Panik sie ergriff, sie Fehler machte und dadurch auch ihre Waffe ständig klemmte. Zum Glück waren die Angreifer Videobilder. Trotzdem war sie enttäuscht und hätte am liebsten alles hingeschmissen. Danach bekam sie den Helm, einen so genannten transkraniellen Gleichstromstimulator (tDCS) auf den Kopf. Er erzeugt schwache elektromagnetische Felder und lenkt sie in spezielle Gehirnbereiche, um damit bestimmte Gehirnaktivitäten zu stimulieren. Sie berichtet, sie habe nichts Ungewöhnliches gespürt, außer einem leichten Kribbeln und einem seltsamen, metallischen Geschmack im Mund. Mit dem Helm pustete sie die Video-Terroristen einen nach dem anderen weg. „Als ich zwanzig auf mich zustürmen sehe, bringe ich ganz ruhig mein Gewehr in Anschlag, halte einen Moment inne, um tief einzuatmen, und erledige den, der mir am nächsten ist, bevor ich ganz ruhig mein nächstes Ziel ins Visier nehme." Als nächstes erinnerte sie die Stimme „o.k., das wars." Sie war total verwundert, dass es 20 Minuten waren und berichtete von einer quasi spirituellen Erfahrung, nicht dass sie sich klüger gefühlt hätte, aber was ihr den Boden unter den Füßen wegzog, war das Erlebnis, dass zum ersten Mal in ihrem Leben alles in ihrem Kopf endlich die Klappe gehalten habe. Gehirn ohne

Selbstzweifel. Diese sind also per Stromimpulsen auszuschalten.

Aber was hat es psychologisch auf sich mit diesen Stimmen? Dies wollen wir betrachten. Einige wiederholen gesellschaftliche Vorurteile, in manchen klingt unsere persönliche Geschichte nach und einige artikulieren unser genetisches Vermächtnis. Wie in einer inneren Konferenz kommen verschiedene Stimmen zu Wort. Das Modell der verschiedenen Ichzustände des Menschen (z.B. dargestellt in Mohr, 2008) erfasst diese innere Konferenz sehr gut. Aber obiges Beispiel zeigt, wohin virtuelle Realität, die man mit den Sichtgeräten heute schon überall finden kann, sich weiter entwickeln wird.

Nun ist die Nutzung von maschinellen Hilfsmitteln zur Lebensunterstützung durchaus positiv. Oft entstehen Menschinen aus gesundheitlichen Gründen. In Schweden in der Hochschule Linköping hat man Kleidungstücke mit eingefügten Muskeln hergestellt, um Bewegungseinschränkungen von Menschen auszugleichen.

Harari bezieht sich auf Roger Wolcott Sperry, der dafür den Nobelpreis für Medizin bekam und Michael S. Gazzaniga, die die linke und rechte Gehirnhälfte, die beiden Gehirnhemisphären in Spilt-Brain-Studien untersuchten (ebenda, S. 392). Die beiden Gehirnhälften sind über einen dicken Nervenstrang verbunden. Jede Gehirnhälfte steuert die entgegengesetzte Hälfte des Körpers. Außerdem gibt es zwischen beiden Hemisphären einige emotionale und kognitive Unterschiede, obwohl die meisten kognitiven Aktivitäten beide Seiten betreffen. So ist die linke Gehirnhälfte stärker mit der Sprache und die rechte stärker mit dem räumlichen Vorstellungsvermögen verbunden. Harari berichtet vom Beispiel mit einem Jungen, der unter der Trennung der Gehirnhälften litt. Er wurde gefragt „Was möchtest Du einmal werden, wenn Du groß bist?" Das funktionierende Sprachzentrum antwortete „Bauzeichner". Die rechte Gehirnhälfte legte mit Scrabblesteinen „Autorennen". Ein Unterschied zwischen vernünftig und emotional ließe sich konstruieren. In einem anderen Experiment wurde einem Jungen ein Hühnerfuß (links) und eine verschneite Landschaft (rechts) gezeigt. Er sollte mit Händen darauf deuten, was er sah. Die rechte Hand deutete auf den Hühnerfuß, die linke auf die Schneeschaufel. Auf die Frage: Warum hast Du sowohl auf das Huhn als auch auf die Schaufel gezeigt? antwortete er: „Der Hühnerfuß passt zum Huhn und natürlich braucht man eine Schaufel, um den Hühnerstall zu säubern". Die linke Gehirnhälfte hatte keine Info über die Schaufel, sah aber die Hand und erfand eine Geschichte. Menschen machen ihre Wahrnehmung stimmig. Sie erfinden zur Not etwas. Die Tendenz des Stimmig-Machens der Erfahrungen und des Erzeugens von Geschichten lassen sich überall feststellen. Aber was da im Gehirn passiert, ist nicht klar. Interessant ist, dass der Mensch sich hier als geistiges Wesen entpuppt. Die Geschichten werden kohärent gemacht, bleiben nicht willkürlich.

Das erlebende und das erinnernde Selbst

Danach – auch hier soll er wieder zu Wort kommen – beschäftigt sich Harari mit den Erkenntnissen zum Umgang mit erlebten Emotionen. Er differenziert das erlebende und das erinnernde Selbst (ebenda, S. 397). Denn in der Schmerzerforschung stellte man seltsame Unlogiken fest. Das erinnernde Selbst hat nur die Differenz zwischen Höchststand und Endstand. Die Dauer, wie der Schmerz tatsächlich erlebt wurde, das erlebende Selbst, wird nicht berücksichtigt. Die meisten Menschen identifizieren sich mit ihrem erinnernden Selbst.

Wenn Menschen „Ich" sagen, meinen sie die Geschichte, die in ihrem Kopf entstanden ist und nicht den Strom von Erlebnissen, den sie haben. Wir brauchen das Gefühl, von der Geburt bis zum Tod über eine einzige, unveränderliche Identität zu verfügen. Die Bedeutung der Geschichten, die Menschen sich erzählen, versucht Harari selbst an der Geschichte vom Don Quijote zu verdeutlichen, der in seiner Vorstellung völlig aus der Zeit fällt und wie ein Ritter mit Knappen loszieht, gegen Windmühlen als Drachen kämpft und eine Dorfmagd als adeliges Fräulein freit. Dazu ist zu sagen, dass dieser Ansatz der überragenden Bedeutung der Gestaltung von so genannten Narrativen, wie man die Geschichten nennt, die sich Menschen und Gruppen machen, stärker sind als die – wenn man es einmal so nennen darf – „objektiven" Ereignisse. Ein interessantes Beispiel dafür, wie eine Story auch gegen Fakten aufrechterhalten wird, ist die Kriegsgeschichte Italiens im ersten Weltkrieg gegenüber Österreich. In drei Schlachten wurden umgangssprachlich ausgedrückt „für nichts und wieder nichts" Zehntausende Toten von Italien geopfert, um folgenden fatalen Zusammenhang aufzuzeigen: „Je mehr Opfer wir für eine erfundene Geschichte bringen, desto stärker wird die Geschichte, weil wir diesen Opfern und dem Leid, das wir verursacht haben, um jeden Preis einen Sinn geben wollen" (ebenda, S. 404). Auch für die Priester gelte seit alters her: Wenn viel geopfert wurde, muss etwas dran ein. Wenn ein armer Bauer dem Jupiter einen unbezahlbaren Stier opfert, muss es um etwas Wichtiges gehen. Lange Zeit hatte in den großen Geschichten der Menschen das Opfern, das heißt das Verzichten auf etwas als Geste für einen Gott, eine große Bedeutung. So habe der Tempel in Jerusalem zu Jesu Zeiten einer lärmenden Grillhütte geglichen, in der die Menschen ihre Opfer brachten, die dort ins Feuer kamen und von den Priestern verspeist wurden.

Algorithmen und Datenreligion

Im letzten Teil von Hararis Zukunftsbetrachtung geht es noch einmal um die Algorithmen und die Datenreligion. Der Autor wird hier deutlich pessimistisch. Hatte man zeitweise an die Überlegenheit der menschlichen Intelligenz gegenüber Computern geglaubt, ist man in Bezug auf komplexe logische Aufgaben davon weggekommen. Der Schach-Computer besiegte den Großmeister Kasparow, der Google-Computer AlphaGo den GO-Meister. Ärztediagnosen sind im Schnitt der künstlichen Intelligenz des IBM-Computers Watson unterlegen. Viele Berufe werden obsolet werden. Wurde vor zwanzig Jahren, bei den Berufen, die mit Sicherheit nicht durch Roboter ersetzt werden, noch der LKW-Fahrer genannt, ist heute das Ersetzen dieser Berufsgruppe wie überhaupt der Autofahrer ein Ziel, in das sehr viel Geld investiert wird.

Hierin sehe ich eine interessante Entwicklung. Der Mensch muss nicht nur in den klassischen animalischen Disziplinen wie laufen, springen, hören, sehen anderen Wesen unterlegen sein, nun treten von uns selbstgeschaffene „Wesen" auf und schlagen uns in den dem Menschen bisher vorrangigen Disziplinen, der geistigen Leistungsfähigkeit. Dies ist erst einmal eine große Enttrübung des menschlichen Überlegenheitsdenken, andererseits auch eine emotionale Enttäuschung.

Und andere maschinelle Prozeduren fangen an, uns sehr

genau zu kennen über uns zu urteilen und recht präzise Voraussagen zu treffen. Harari berichtet von der Möglichkeit einen Menschen alleine durch seine Aktivitäten auf Facebook zu charakterisieren und der Überlegenheit dieser Aussagen gegenüber Einschätzungen von Freunden, Familie sogar der Person selbst. Facebook weiß, wenn es einen Menschen eine Zeitlang in seinem Verhalten wahrgenommen hat, am besten was ein Mensch tun wird. Ebenso gilt bald folgendes: „Schon bald werden Bücher sie lesen, während sie Bücher lesen." Wie lange verweilt jemand bei einer Szene, was spricht ihn besonders an?

Der Wissenschaftsjournalist und Mathematiker Christoph Drösser versucht die Algorithmen zu entzaubern und den Menschen näher zu bringen. Aber die Bedenken diesen Entwicklungen gegenüber kann auch er nicht vollständig ausräumen (Drösser, 2016).

Harari ist insgesamt skeptisch gegenüber der Zukunft. Er glaubt, der Mensch wird durch das 21. Jahrhundert selbst ein anderer werden. Man wird in die Natur des Menschen eingreifen. Vielleicht heißt das nächste Buch von Harari „Abschied vom Homo sapiens".

Alternative zur Menschine

Was könnte die Alternative zu Hararis pessimistischer Entwicklungshypothese sein? Denn sich diesen Entwicklungen einfach hinzugeben, ist sicher keine Lösung. Das, was Menschen aus ihrer Überlebensherausforderung und einem daraus geformten Überlebenstrieb heraus entwickelt haben, ist zu einem Reifegrad gekommen, der den Menschen selbst zu überholen scheint.

Allerdings bleibt alles in der Logik der technischen Weiterentwicklung. Der Mensch selbst in seiner geistigen Orientierung und den Tatsachen, die er sich seinesgleichen gegenüber produziert, bleibt außer Acht. Daran kann man sowieso nichts ändern. Der Mensch ist immer noch die größte Gefahr seinesgleichen. Keine Spezies fällt so systematisch über ihre Brüder her. Man könnte es genauso lösen, wie man heute das Problem der Verkehrstoten lösen will, automatisierte Autos schaffen, bei denen der menschliche Faktor ausgeschaltet wird. Den Menschen könnte man durch entsprechende Drogenzufuhr vielleicht auch befrieden. Will man das wirklich oder gibt es alternative Ansätze?

Aber selbst wenn man sich gegenseitig leben lässt, bleibt noch vieles offen. Auch die Verteilung der Ressourcen in der Welt stimmt überhaupt noch nicht. Aus verschiedenen Gründen ist in der Welt eine große Ungerechtigkeit der Verteilung der Ressourcen, der Möglichkeiten und der Chancen vorhanden. Dies mit einer einseitigen Ausbeutung durch die reichen Länder zu begründen, wird dem Phänomen nicht gerecht. Gerade vieles an direktem Transfer von Reich nach Arm in der Entwicklungspolitik ist gescheitert, in dunklen Kanälen versickert. In vielen dieser Situationen trifft man auf Egoismus und Clan-Interessen, die die Entwicklung in der Breite verhindern. Gerade diese Interessenmuster sind in vielen Teilen der Welt noch sehr stark mit dem Menschen verbunden.

Das Gleichnis vom Samariter in der Bibel, in dem thematisiert wird, dass man auch einem nicht zum eigenen Stamm Gehörigen hilft, ist auch zweitausend Jahre später bei der Menschheit noch nicht angekommen. Manche humanistische Ideen brauchen ungeheuer lange, um sich durchzusetzen.

Die entscheidende Frage ist: Was brauchen die Menschen an Haltung und Einstellung, damit gerechte Entwicklung stattfinden kann? Der Egoismus darf an dieser Stelle nicht führend sein. Auch Wirtschaftsmodelle wie der Liberalismus, der den Egoismus als Mechanismus propagiert, der dann durch eine unsichtbare Hand des Marktes zu aller Nutzen gesteuert wird, scheinen allein ein theoretisches Denkmodell und nicht zu Ende gedacht zu sein. Denn die emanzipatorische Wirkung, die man sich im 18. Jahrhundert durch freie unternehmerische Tätigkeit vorstellte, war sicher eine Errungenschaft. Aber sie funktioniert nur mit Menschen, die sich einigermaßen an Moral halten. Dies hatte der schottische Moralphilosoph Adam Smith, der diesen Wirtschafts- und Gesellschaftsansatz vertrat, implizit angekommen. Die menschliche Zukunft sieht also insofern düster aus, wenn man die Entwicklung sieht, denn insbesondere die neuen artifiziellen Möglichkeiten des Glücklich- und Älterwerdens stehen mit hoher Wahrscheinlichkeit nur den Reichen zur Verfügung. Aber was ist wirklich wichtig? Im nächsten Abschnitt geht es darum, was Menschen auf natürliche Weise anspricht und zufrieden macht, um den hochtrabenden Begriff des Glücks einmal außen vor zu halten, obwohl er interessanterweise in einer der wichtigsten Verfassungen der Welt, nämlich der amerikanischen, ausdrücklich genannt wird.

Der erste Zugang:
Im Alltag sein Selbst finden

Welche Wege gibt es nun, um nicht den Weg zur Menschine zu gehen? Im Folgenden werden dazu einige praktische Hinweise beschrieben, die vielleicht für den einen oder anderen Anregungen enthalten. Es gibt hier einige Lernangebote und einige Institutionen stellen heute praktische Alternativen vor. Diese Alternativen gehen auch zentral auf den einzelnen Menschen ein und verlangen ihm Arbeit ab. Es ist keine Abkehr von gesellschaftlichen Ansätzen, aber der Fokus liegt nicht in der Diskussion und dem Herbeiführen der Realisierung von gesellschaftlichen Erziehungsansätze, wie es Liberalismus und Sozialismus anbieten. Willigis Jäger sagte einmal, die großen Erzieher der Menschheit, Priester und Pädagogen, haben versagt, wenn man auf den Zustand der Menschheit insbesondere im Verhalten untereinander schaut. Dies hat einen Grund: Wir Menschen kennen uns nicht. Dies bezieht sich auf das Menschsein an sich als auch auf das individuelle Sein. Obwohl wir eine gewisse Sehnsucht danach haben, das zu erfahren, glauben wir in der Regel das, was gerade oberflächlicher Mainstream ist, ohne es wirklich selbst zu überprüfen. Auch die großen radikalen gesellschaftlichen Ansätze wie der Liberalismus und der Kommunismus haben oft mit sehr einfachen Menschenbildern gearbeitet und sind nicht zuletzt deshalb gescheitert. Das lag sicher auch damit zusammen, dass diese „Narrative" sich auch immer gegen etwas richteten und aus dieser Gegenbewegung weiter auf das, was sie verändern wollten, fixiert blieben. Sie haben nicht das Studium des Menschseins selbst gewagt. Der Kern der neuen Ansätze besteht nun darin, die erfolgreichen Wege, wie Menschen schon seit Tausenden von Jahren sich selbst zu erkennen versucht haben, für die heutige Zeit zu prüfen und anzuwenden. Ein solches Zentrum, das Erkenntniserleben ermöglichen will, ist der Benediktushof in Holzkirchen bei Würzburg. Dort besteht die Möglichkeit, unterstützt von einem vielfältigen Methodenangebot einen selbstgesteuerten Erkenntnisweg zu gehen.

Alltag, Zazen und bewusst werden

Doris Zölls, eine der spirituellen Leiterinnen des Benediktushofes, soll dabei als erste zu Wort kommen. Sie beschreibt im Buch „Jederzeit erwachen" eine Haltung, die man in den Alltag übertragen kann, deren wesentliche Kernpunkte im Folgenden dargestellt und untersucht werden sollen. Sie propagiert einen Weg, das wahre Selbst des Menschen zu erkennen. Die interessante Hypothese darin ist, dass wir uns als Menschen eigentlich nicht wirklich kennen. Zielsetzung sind deshalb zwei

Ebenen, das Kennenlernen der eigenen individuellen Person und darüber das Kennenlernen des Menschen an sich. Damit spricht sie einen wichtigen Punkt an. Denn ein Grund für unser „Nicht kennen" liegt in unserer Abhängigkeit vom Kontext, in dem wir leben.

War der Kontext durch materielle Überlebensnotwendigkeit geprägt, wie es lange für den überwiegenden Teil der Menschheit bis auf ein paar jeweilige Adelige und Herrschende in Gesellschaften der Fall war, reißt diese Aufgabe die Aufmerksamkeit an sich. Der Mensch war im Tun und Denken für sein materielles Überleben und ständig auf diese Frage konzentriert. Der Kontext bestimmt das Denken. Marx sprach hier davon, dass der Überbau, das was gedacht und an Theorien entwickelt wird, vom alltäglichen, tatsächlichen Sein bestimmt ist. Insofern war lange kein Platz für Selbsterkenntnis. Nur einige wenige, meist auch aus privilegierten Klassen stammende Leute, konnten sich der Selbsterkenntnis widmen. Nun ist die Welt anders geworden. Der Mensch hat theoretisch mehr Zeit, sich selbst zu erkennen. Aber für viele geht die Suche und das Streben in den Welten, die uns ständig beschäftigt halten und die die heutige Gesellschaft bietet, weiter. Sie werden durch den Kontext der Angebote und vermeintlichen Notwendigkeiten der kapitalistischen Gesellschaft beschäftigt und eingebunden.

Zen-Übung und Alltag

Doris Zölls schlägt hier einen konkreten anderen Weg vor. Es ist der Weg der Verbindung stillen Sitzens in der Zen-Übung (Zazen) mit dem Alltag. Als Methode der Einkehr und Konzentration wird Meditation im fernen Osten schon sehr lange, genutzt, sehr dezidiert in jedem Fall seit Buddha vor 2600 Jahren. Es ist eine lange existierende und immer wieder überprüfte Methode, das Menschsein anhand der eigenen inneren Erfahrung kennenzulernen und so zu verifizieren. Zen hat sich als spezielle Übung des Sitzens in Stille ohne viel Brimborium in einer Wanderung aus Dyana in Indien über das Chan in China hin zum Zen in seiner Blüte in Japan entwickelt. Interessanterweise kommen heute viele Impulse der Weiterentwicklung des Zen aus dem Westen, Amerika und Europa, sowie aus dem Wiederaufblühen des Chan/Zen in China. Auf dem Feld der Meditation gibt es andere, vergleichbare Formen, etwa das indische Vipassana, das auch der eingangs zitierte Yuval Harari praktiziert, oder auch die auf der christlichen Mystik aufbauende Kontemplation. Interessant ist, das die Erkenntnisse, die hier immer wieder schon seit Jahrtausenden gesammelt wurden, gar nicht so unterschiedlich sind, und das, obwohl man diese empirische Methode des Studiums des inneren Funktionierens des Menschen in sehr unterschiedlichen historischen und geographischen Kontexten einsetzte. Die Sprache, wie die Erfahrung in der Übung beschrieben wird, ist dem Kulturkreis entsprechend unterschiedlich. So erleben die christlichen Mystiker entsprechend ihrer verinnerlichten Denksysteme beispielsweise eher Begegnungen mit Jesus. Hildegard von Bingen ist dafür ein Beispiel. Ihre Schilderungen sind von ihrem persönlichen Wissenshintergrund genauso geprägt wie die anderer Mystiker.

Zölls verweist darauf, dass man „im Grunde über Zen nichts schreiben kann" (S. 7). Dennoch ist eine vernünftige Zielsetzung die Erkenntnis der Unterscheidung des oberflächlichen Ichs und eines „wahren Selbst". Das wahre Selbst ist durch die Konditionierungen des Oberflächen-Ichs überlagert. Aber „wir tragen dieses Selbst schon immer in uns" (S. 8). Wir können durch Arbeit an uns selbst, die wesentlich in der Meditation erfolgt, zu unserem wahren Selbst kommen.

Reduzieren und Abstand gewinnen

Reduzierung, Abstand gewinnen von der Reizüberflutung, stellt eine weitere Aufgabe dar. Ins Nicht-Wissen, Nicht-Bewerten, Nicht-Kategorisieren hinein zu gehen, das heißt es immer wieder zu üben, hilft leer zu werden. Zölls spricht von „einer tiefen Sehnsucht nach Stille, Klarheit und Reduzierung" (S. 26) und von einer Zen-

Ästhetik. „Unser Geist kommt erst in die Stille, wenn die Sinne ruhig geworden sind".

Was ist das Zazen – das Sitzen in der Stille? „Wir setzen uns bequem, wenn möglich mit verschränkten Beinen auf den Boden (evtl. ein Kissen unterlegen), richten uns gerade auf, legen die Hände in den Schoss, die Zunge an den oberen Gaumen hinter die Schneidezähne und lassen die Augen, ohne sie zu fixieren, auf einem Punkt ruhen." (S. 30). „Im Zazen zu sitzen heisst, still und unbewegt dazusitzen und gewahr zu werden, was jeder Augenblick hervorbringt."

Aufwachen

Meine eigene persönliche Erfahrung ist hier, dass das „Ankommen" oder „Aufwachen" sich nach einem Prozess der inneren Arbeit zeigt, man könnte sagen des Reinigens von allen Konzepten und Vorstellungsbildern, soweit wie das möglich ist. Meditationsprozesse sind nicht deshalb lang, weil das innere Selbst so weit weg liegt. Im Gegenteil, es ist schon immer da. Aber die eigene Gewohnheitswirklichkeit steht davor oder lenkt davon ab. Es gibt viele Ablenkungswege, die verneint werden müssen, bevor man zur inneren Quelle gelangt,. Diese Erkenntnis ist auch schon sehr alt. Hier möchte ich die vier so genannten Gelübde des Zen zitieren. Darin heißt es dazu etwas pathetisch, aber leider dennoch wahr: „Grenzenlos sind die Verhaftungen; ich gelobe, sie zu beenden. Unzählbar sind die Tore der Wahrheit; ich gelobe, sie zu durchschreiten" (Jäger, und Grimm, S. 2011, S. 65).

Der Prozess ist schrittweise. Aber man kann meiner Erfahrung nach genau registrieren, wenn man angekommen ist. In der Regel ist dies anders als man es erwartet hat. Erwartungen halten sogar davon ab.

Zu ergänzen ist hier, dass das Selbst sich nicht mehr so einfach wie die nach außen gezeigte Persönlichkeit in klaren Eigenschaften beschreiben lässt. Es ist nicht mehr die Persönlichkeitsbeschreibung, etwa: Der ist „introvertiert", „gefühlsmäßig", „hat Schwierigkeiten mit Nähe" oder solche Beschreibungen, die auf der Persönlichkeitsstrukturebene üblich sind. Das Selbst ist eher eine zu erfahrende innere Instanz, die sich durch ein inneres Erleben von Stimmigkeit zeigt: Hier bin ich bei mir. Auch vieles der persönlichen Charakteristiken, die die Persönlichkeitsstruktur auszeichnen, sind weniger wichtig. Sie sind sogar oft durch den längeren Prozess der Selbstreflektion in gewisser Weise abgeschliffen oder haben ihre Konditionierung im Sinn eines automatischen Abgerufenwerdens bei bestimmten Bedingungen verloren. Es ist etwas im Menschen wachgeworden, das weniger abhängig von äußeren Bedingungen ist.

Personen, die noch sehr auf bestimmte Aspekte ihrer Person oder auf Bedingungen ihres Umfeldes pochen, zeigen eher, dass sie noch nicht sehr angekommen sind. Aber gerade die vermeintlich Angekommenen, die sich damit vermarkten und daraus ein Business machen, sind mit Vorsicht zu betrachten. Auch allzu messianisches Auftreten und Werben mit eigenen Erkenntnissen sind hier eher ein Zeichen von noch nicht angekommen sein. So ist mir – was nicht zu empfehlen ist – einmal passiert, dass ich einem Menschen, der mich im Gespräch lange messianisch bearbeitet hat, dass Aufwachen und Erkennen doch ganz klar durch die Quantenphysik erklärbar seien und das ich das gefälligst zu glauben habe, gesagt habe, ich empfände nicht, dass er schon „da" angekommen sei. Ich habe mich dann für diese Überheblichkeit meinerseits entschuldigt, da mir das nicht zusteht. Dennoch hatte ich das Gefühl, dass man nicht so enthusiastisch und mit einem kognitiven Konzept begründend andere bearbeiten muss, damit sie „es einsehen", wenn man selbst innerlich angekommen ist.

Auch Doris Zölls konstatiert: „Es zeigt sich dann, wenn wir uns erfüllt und bei uns angekommen erfahren". Der Resonanztheoretiker Hartmut Rosa würde sagen, im Angekommensein bin ich wirklich ganz mit mir in Resonanz (Rosa, 2016). Man kann sich dann fragen, wo man angekommen ist, wenn man beim Selbst ist. Ideen-geschichtlich geht die Unterscheidung von „Selbst" und „Ich" sehr stark auf den Schweizer Arzt und Psychologen

C.G. Jung zurück. Er betonte den Unterschied zwischen Ich und Selbst. Die britische Psychologin Mary Cox nimmt sogar an, dass wir mit unserem Selbst auf die Welt kommen und die Ichstruktur sich erst darum herum entwickelt. Das Selbst ist die innere Ebene, in der man sich mit sich selbst, mit anderen und mit der Welt im Reinen fühlt. In Rosas Resonanzkonzept könnte man es vielleicht als ein plötzliches Zusammenkommen mehrerer so genannter Resonanzachsen, der Eigenbeziehung, der Beziehung zu anderen und der Beziehung zum großen Ganzen, etwa Natur und Religion, beschreiben. Kontinuierliche Meditation, etwa in Form des Zen ist eine gute Methode, um zu diesem Selbst zu gelangen. Denn dazu ist die Meditation und die innere Arbeit zu bewerkstelligen. Seit dem 20. Jahrhundert hat sich gerade im Westen eine Laientradition entwickelt, die nicht auf die traditionellen mönchischen Traditionen baut. Also es geht auch im „normalen" Leben.

Die unmittelbare Wahrnehmung

Zurück zu Doris Zölls: Zielsetzung ist bei ihrem „Erwachen im Alltag" wie auch beim weiter unten betrachteten Ansatz von Alexander Poraj, „Ent-täuschung", die „unmittelbare Wahrnehmung". Wenn man in dieser unmittelbaren Wahrnehmung ist, kann man den Augenblick des Lebens als vollkommen erfahren. Man ist nicht getrübt durch Voreinstellungen oder Konzepte, wie es sein soll, nur sein darf oder eigentlich sowieso nur so ist. Dazu sind Vorbedingungen nötig, interessanterweise selbst im gesellschaftlichen Mainstream, der heute zunehmend Beachtung findet, nämlich Stille und Achtsamkeit, wozu Zazen oder andere andere Meditationsformen geeignete Übungen darstellen.

Meines Erachtens passiert das sich Verlieren in den Konzepten heute vor allem auch aus der Not der übermäßigen Beschleunigung und Komplexität im Leben, aber nicht aus Erkenntnisinteresse. Allenfalls ist es vielleicht dennoch ein guter Wachmacher in der Gesellschaft. Stille und Gewahrsein entfalten unser wahres Wesen. Sie lassen uns aufleben im ganz normalen Alltag, wie Zölls anmerkt.

Es geht also nicht um irgendetwas Besonderes oder um die Anhäufung der teuer erkauften und verkauften Events, um anzukommen. Das eigene Leben, der eigene Alltag sind der Ankunftsort. Das Erwachen in die neue innere Haltung, die hier erreicht werden kann, ist anders, als es von den meisten erwartet wird. Im Erwachen kommt beides, der Alltag und das Heilige zusammen. Eine schöne, ganz einfache Übung dazu ist: Sich Zeit zu nehmen, um zu staunen und zu lauschen ohne zu unterscheiden und bewerten.

Die Zeit der Entwicklung

Dies führt in Richtung der Zen-Erfahrung. In der Übung des Zazen, des Sitzens, können alle Konzepte, das heißt die Theorien und Vorstellungen, die man sich über die Welt macht, losgelassen werden. Kontinuierliche Meditation hilft dabei, da alle Konzepte inklusive der damit verbundenen Gefühle „hochkommen", also im Geist erscheinen und man – wenn man die geforderte Disziplin hält – in der Meditation nichts ausagieren kann. Wenn man dies aushält oder besser „aussitzt", zeigen sich die Gedanken, Gefühle und Konzepte in ihrer Leerheit. Man gewinnt zunächst erst einmal ein Stück Abstand dazu. Man „ist" nicht mehr seine Gedanken und Gefühle. Sie werden – buchhalterisch ausgedrückt – als „durchlaufende Posten" erkannt. Allerdings ist diese Erkenntnis nicht ganz schmerzlos, da wir gewöhnt sind, uns mit Vorstellungen und Vorstellungsbildern zu identifizieren. Identifizieren bedeutet damit eins werden. Identifikation bedeutet auch Sicherheit. So wie beim „unveränderlichen Merkmal", das früher in den Pass (englisch: Identity card) eingetragen war, ist der Verlust der Konzepte nicht so einfach. Denn der Moment ohne Konzepte wird oft als Verzweiflung erlebt. Es tritt auf „die Angst, das Leben nicht in Händen halten zu können" (Zölls, 2012, S. 22). Alle Sicherheitskonzepte, die man sich mental zurechtgelegt hatte, kommen erst einmal abhanden. „Der Augenblick, nicht mehr zu wissen, was das Leben ist" ist etwas, auf das man sich einstellen sollte. Deshalb ist hier Begleitetwerden durch erfahrene „Bergführer" oder auch Lesen von den Erfahrungen anderer auf dem Weg sehr hilfreich.

Verschiedenes Erleben im Aufwachen

Es gibt hier sicher keine allgemeingültigen Aussagen. Deshalb möchte ich berichten: Was habe ich im Zen-Üben-Prozess selbst erlebt? Es findet im Laufe der Zeit, wenn man mit der richtigen Haltung meditiert, etwas Unerwartetes, Interessantes statt. Aber zunächst zu dieser richtigen Haltung. Sie ist schon ein Vorgeschmack des Ziels, denn wenn man allzu sehr erwartet und strebt, ist man zu sehr zielorientiert und das Ankommen geschieht nicht. Denn Ankommen ist ziellos. Allerdings ist die vielbeschworene Absichtslosigkeit beim Meditieren zunächst ebenfalls ein Mythos. Menschen tun erst einmal nichts ohne Absicht. Auch bei der Meditation trifft diese Grunderkenntnis zu. Bewusst oder unbewusst erstreben sie etwas. Beim Meditieren sind die Ziele zu Beginn oft innere Ruhe, innerer Frieden, bestimmte tiefe Gefühle, innere Reinigung finden oder etwas dergleichen. Das standardisierte MBSR-Training (Mindfulness Based Stress Reduction), das auch Meditation enthält, wirbt explizit mit Stressreduktion. Nüchtern betrachtet ist also mit der Absichtslosigkeit pragmatisch gemeint, dass ein allzu krampfhaftes Bemühen, ein bestimmtes Ergebnis zu erzielen, kontraproduktiv ist. Es bleibt die Konzentration auf dieses Bemühen und man haftet dem an. Vor allem bemerkt man dann zarte innere Regungen und kleine Überraschungsmomente nicht so leicht, weil man ja auf sein Ziel fixiert ist. Interessant ist, dass man im zunehmenden Üben der Meditation die Absichten verliert. Aber wenn man sich gerade zu Beginn ein bisschen bei einer Absicht erwischt, ist das durchaus ganz normal. Vor allem muss man auf allerhand Frustphasen gefasst sein, in denen der eigene Geist das ganze Unterfangen der Meditation in Frage stellt und jede Menge Ideen produziert, wie man die Zeit sinnvoller, produktiver und auch für den Rest der Menschheit vermeintlich fruchtbringender verbringen kann. Der alte Spruch „Meditieren ist immer noch besser als rumsitzen und nichts tun" droht dann zu kippen.

Wichtig ist, dass man dranbleibt, so weit es geht, innere Offenheit erhält und auf die Überraschung gefasst bleibt. Denn das Selbst, wie in spirituellen Lehren der aufgewachte Zustand beschrieben wird, zeigt sich individuell sehr unterschiedlich. Ich vermute sogar – aber dafür kenne ich jetzt keine Studien –, dass er sich prinzipiell anders zeigt als erwartet und erstrebt. Dies hat mit zwei Phänomenen zu tun: Einmal gibt es eine Varietät von

Möglichkeiten für das Erleben des Aufwachens. Der Buddha beschrieb vier Zustände: inneren Frieden, innere Ruhe, innere Freude, innere Liebe. Diese unterscheiden sich sehr. Vor allem ist die Intensität der ersten beiden Ankommenszustände ganz anders als die der letzten beiden. Die ersten sind tatsächlich sehr stark mit einer ruhigeren Gefühlsintensität verbunden, während die beiden anderen sehr sprudeln können und eher Kraft nach außen offenbaren. Die beiden ersten wirken eher durch ihre Kraftausstrahlung in das Innere des Menschen. Wenn man Menschen trifft, die in der inneren Ruhe oder im inneren Frieden angekommen sind, wirken diese eher wie ein fester ruhiger Pol, die anderen sind eher Kontakt aufnehmend und interessiert. Für den Aufgewachten selbst ist aber da kein Unterschied, er spürt alle vier Aspekte.

Was passiert nach dem Erwachen? Einzelne Menschen haben das Aufwachen, wie es manche auch nennen und die Zeit danach sehr unterschiedlich beschrieben. Erst einmal ist hier zur Vorsicht aufgerufen, da die Lösung vom Ich und seinen Schutzmauern nicht nur angenehm erlebt wird. Im Gegenteil, es entsteht auch eine ziemliche Unsicherheit, weil der Verlust von Ich-Vorstellungen zum Teil so erlebt wird, als wenn einem der Boden unter den Füßen weggezogen wird.

Andererseits erlebt man reine Offenheit gegenüber Impulsen von außen, bei der man sich schützen muss. Unmittelbarer wahrzunehmen bedeutet auch intensiver wahrzunehmen. Da gilt es das Feuerwerk der vielen unterschiedlichen Impulse von außen unter Kontrolle zu bringen. Am besten ist, sich zeitweise von den Impulsen abzuschotten. Denn die Kontextabhängigkeit des Menschen ist zu berücksichtigen, damit man sich nicht wieder in den Oberflächenwelten verliert. Und diese Oberfläche fängt bei den Bedürfnissen der eigenen Ichstruktur an. Was brauche ich jetzt gerade? Was muss unbedingt sein? Wie muss das Leben um mich herum gerade geregelt sein? Wenn man sich wieder in konkreten Wünschen zu diesen Fragerichtungen verliert, entfernt man sich von seinem inneren Selbst.

Eine zweite Warnung ist die aus dem „Leuchten", das aus der veränderten eigenen Ausstrahlung resultiert, auch für andere entstehende Attraktivität, die mit dem Ankommen im inneren Selbst verbunden ist. Man ist interessant für andere Menschen. Aber es besteht eine Gefahr: Man wird durch die Verwicklung mit der Außenwelt leicht wieder zurückkatapultiert. Andere spüren, das Leuchten, das von einem ausgeht, weil man mit dem anderen Menschen auch sehr schnell am Wesentlichen ist. Man ist für potenzielle Partner interessant und muss aufpassen, dass man jetzt nicht Jugendträume zu verwirklichen sucht. Dies wird auch die „Mara"-Phase genannt. Es ist die Situation, die Jesus erlebt haben soll, als er nach seiner Wüstenzeit vom Teufel auf die Zinnen des Tempels gestellt wurde mit der Aufforderung „Du kannst doch jetzt fliegen". Das bedeutet in der Praxis, ein Übernehmen, wie ein manisches Ausagieren nach dem inneren Erleben. Davor ist zu warnen. Man sollte „auf dem Teppich bleiben".

Manche andere sind aber vielleicht aus einer Skepsis, selber ankommen zu können, ohnehin versucht, einen wieder „auf Normalmaß" herunterzuholen. Dies tun sie unter Umständen mittels Hinterfragen oder indem man dabei erwischt wird, dass man doch nicht dem Vorstellungsbild des Erleuchteten entspricht. Da steht dann die eigene Eitelkeit auf dem Prüfstand. Ein gutes Rezept ist hier, mit seinen Erfahrungen nicht hausieren zu gehen, denn das ruft jede Menge Kritiker auf den Plan. Es ist eher zu raten, ein stilles Umgehen damit zu zeigen und das Feedback von Menschen zu suchen, die einen auf dem Weg begleiten können. Woher weiß man eigentlich, ob man beim Selbst angekommen ist? Lässt man einmal alle die Erlebnisse weg, in denen Menschen nur eine Kopie dessen erlebt haben wollen, was sie gelesen oder von Vorbildern gehört haben, gilt: Zunächst weiß man es nicht unbedingt. Es ist einem vielleicht klar, dass man tief bei sich war. Man kann den Teil von jemandem „verifizieren" lassen, der auch einen Erwachensweg gegangen ist. Und man sieht bei anderen auch diesen Teil. Denn man hat einen Blick für das Wesentliche im anderen, das, was ihn einzigartig und wertvoll macht. Dennoch kann auch hier eine Verständigung schwierig sein. Aber wenn man die anderen damit konfrontiert, haben sie oft diese Erkenntnis nicht. Sie haben, wenn sie auf dem Weg der Selbsterkenntnis sind, einzelne Erlebnisse. Der uralte Text von Kamalashila aus dem 8. Jahrhundert betont das Zusammenwirken von Empfinden und Erkennen. Heute würde man sagen, es bedeutet, in höchstem Maße mit sich selbst in Resonanz zu sein. Und dieses Selbst sind nicht die Ich-Charakteristiken, mit denen man in diesem Leben ausgestattet ist, sondern mit einer tieferen Ebene.

Übungen, Koans und Geschichten

Zurück zu Doris Zölls: Sie betont den Wert der Weisheitsgeschichten und Koans als wichtige Elemente des Lernens und des Weges hin zum inneren Selbst. Der japanische Zenmeister Kodu Nishijima hat dazu die alten Koan-Geschichten des klassischen Meisters Dogen mit Kommentaren versehen. Sein „Shobogenzo" ist lesenswert. Koans helfen die Schablone des Verstandes aufzulösen und frei zu machen für das was ist. Hier einige Kostproben, die Doris Zölls empfiehlt, in Koans (Lehrstücken) und Übungen. Sie erzählt die Geschichte eines Mönches, der im Mittelalter in Japan zu einem ganz berühmten Meister in eine Stadt reist, dort aber nur einen unscheinbaren alten Mann vorfand. Dann unterhielten sie sich über die „große Steinbrücke", die der Besucher dort zu sehen hoffte. Der Besucher klagte jedoch: „Ich sehe nur einen Holzsteg". Die Rückfrage war: „Was ist die Steinbrücke?" „Sie lässt Esel hinüber, sie lässt Pferde hinüber." Wir sind immer ein Opfer der Konstruktion unserer Wirklichkeit. Der Meister antwortet: Das, was es für die Menschen leistet, ist interessant, nicht was erwartet wird. Der große Meister war nur ein unscheinbar aussehender Mann, die Brücke selbst nicht spektakulär, aber leistete ihren Dienst für die Menschen. Und die Metapher des Flusses, über den es zum anderen Ufer zu kommen gilt – das Vorstellungsbild des Erwachensweges – lenkt davon ab, zu erkennen, wieweit man schon drüben ist. Das drüben, das Über-den-Fluss-Sein, wird als großes Spektakel erwartet. Menschen wollen oft nicht in der tatsächlichen Realität ankommen, sondern streben danach, ihre eigenen Erwartungskonstruktionen zu treffen: „Meister, wie komme ich ans andere Ufer? Helft mir doch?" Der Meister ruft zurück: „Du bist doch schon am anderen Ufer". Wir wissen es oft nicht. „Wir glauben immer, wir sind noch nicht angekommen. Dabei sind es die Strebungen, woanders sein zu wollen und zu glauben, woanders sein zu müssen, die uns das Wahre, das Gegenwärtige, nicht sehen lassen. „Nur der Hauch eines Gedankens, es gäbe noch etwas anderes, verhindert die Erfahrung, dass alles immer schon da ist."

Die Erwartungen, die wir an ein inneres Ankommen stellen, behindern und verhindern das Ankommen. Denn es hat etwas von einem fundamentalen Perspektivwechsel. Die Welt inklusive man selbst ist anders zu sehen. In der Psychologie, etwa in der Transaktionsanalyse bei Eric Berne, spricht man vom Erst-wenn-Muster. Damit ist gemeint, das jemand mit der Vorstellung durchs Leben geht, dies und das ist alles noch zu erreichen, bevor das „eigentliche" Leben anfängt.

Zen wird, wie Zölls berichtet, gerne auch mit dem großen „Eisernen Ochsen" verglichen. Es ist eine mythische Vorstellung in China, dass der Eiserne Ochse den Gelben Fluss bändigt. Ähnlich kann Zen die Balance, die Mitte, erhalten.

Zölls schlägt eine schöne Übung vor: „Beobachten Sie, wenn eine Entscheidung ansteht, Ihren Geist. Erkennen Sie, wie er Lösungen sucht. Spüren Sie einen Impuls, schauen Sie, ob er im Außen einen Widerhall findet. Zeigt sich im Außen eine Veränderung, zum Beispiel begegnen Sie einem Menschen, der Ihnen einen Impuls gibt, fällt Ihnen ein Buch in die Hand, das Sie inspiriert, oder Ähnliches, gehen Sie mit. Zeigt sich außen kein Anhaltspunkt für Ihre Idee, lassen Sie los. Vertrauen Sie darauf, dass sich die Lösung ergibt, wie wenn Sie einen Schlüssel finden, nachdem Sie aufgegeben haben, ihn zu suchen."

Wir bekommen in der modernen Gesellschaft beigebracht, das wir das Resultat unserer Entscheidungen sind und dass diese wohl zu überlegen und optimal zu fällen sind. Eine Geschichte des Mullah Nasreddin, eines im vorderen Orients gern zitierten lustigen weisen Mannes, zeigt dies sehr deutlich. In einem Rechtsstreit zweier Nachbarn beschied er zunächst jedem der Kontrahenten, dass er Recht habe ("Du hast recht". "Du hast auch Recht."). Und als sein Diener ihm die Ungereimtheit seines Plädoyers dann unter die Nase rieb, sagte er auch ihm: "Du hast auch Recht."

Ich, Du und Bewusstsein

Das Aufgeben der Trennung im Sinne der Einschätzung, wir kämen zu kurz im Leben und das Leben möge sich bitte noch etwas anders präsentieren, ist zu überprüfen. Wenn es, wie im Zen behauptet, keine Trennung zwischen Ich und Du gibt, ist die Hingabe an den anderen etwas sehr Zentrales. Damit ist nicht ein reines Dienen gemeint, sondern ein sich Freuen mit dem, was gerade da ist oder zumindest eine Spur Gelassenheit in dem, was zu tun ist. Es braucht das Bewusstsein für das, was im Augenblick nötig ist. Eine Frau, die im Benediktushof einmal auf einer Tagung von ihrer Aufnahme schwieriger Jugendlicher in ihre Familie sprach, gab ihr schönes Motto preis: „Es wird getan, was getan werden muss".

Das Bewusstsein befindet sich nach dem Herz-Sutra in unterschiedlichen Verdichtungen, „Aggregatzuständen". Zölls schreibt: „In jedem Wasser spiegelt sich der gleiche Mond", das heißt, es gibt in wesentlichen Punkten, etwa dem Wirken des Lebens, nicht so große Unterschiede. Sie zitiert den etwas rustikal wirkenden Zen-Lehrer Kodo Sawaki, der als Waise in seinen Jugendjahren bei der Mafia Unterschlupf fand. Er sagt dazu: „Wenn ihr erfahren habt, dass alles Buddha ist (in allem der eine Mond erscheint), dann ist es egal, ob ihr auf der Lebensbühne im Kamelkostüm die Vorder- oder die Hinterbeine spielt. Spielt sie mit ganzer Kraft." (S. 75) Es stimmt aber auch, dass sich diese Absichtslosigkeit nur entwickeln kann „im tiefen Vertrauen und Erleben, dass es kein Ich gibt, das das Leben ergreifen und gestalten muss, sondern das Leben selbst sich in mir und in allen Formen lebt." (S. 77)

Das Ich „als Konglomerat von Vorstellungen, Konzepten und Mustern, die unbewusst unser Handeln, Fühlen und Denken bestimmen" (S.85). Aber: „Da nichts Substanz hat, weil sich alles in jedem Moment wandelt."

Anders arbeiten und Reduzierung im Leben

Arbeit ist für Doris Zölls sehr wichtig. Sie spricht vom bewussten Wahrnehmen, aber gleichzeitigem Desidentifizieren der Arbeit. „Es arbeitet durch mich" schreibt Zölls (S. 65). In einer Zeit, in der ein bedingungsloses Grundeinkommen oder – wie die Kritiker sagen ein „leistungsloses" Grundeinkommen – erstmals ernsthaft diskutiert wird, ist die Betrachtung der Arbeit wichtig. Im Benediktushof gibt es für jeden Teilnehmer jeden Tag immer eine Stunde irgendeine Form von Hausarbeit. In anderen Klöstern, etwa im japanischen Antaiji-Kloster, das von einem deutschen Abt geleiteten wird, wird wochenlange, harte Feldarbeit gefordert (http://antaiji.org/de/). Auch Baghwan, der sich später Osho nannte, sprach davon, dass Arbeiten wie Meditation sein sollte.

Ist ein solcher Zustand erreichbar? Burn out hat viel mit einer ungesunden Identifikation mit der Arbeit zu tun. Dann ist aus dem Gedanken, man muss arbeiten, um sein Auskommen zu erreichen, etwas geworden, dass die Person besetzt hat und regiert. Die Gedankenmuster – der Buddha würde sagen „Geistesgifte" – regieren den Menschen. In der Transaktionsanalyse werden diese Geistesgifte als Antreiber beschrieben, wie „Ich bin nur in Ordnung, wenn ich immer perfekt bin" oder „Ich bin nur in Ordnung, wenn ich es immer allen Anderen recht mache". Wege aus diesen Mustern heraus, zeigt das Resilienzcoaching. Unser Arbeitsverhalten und unsere Arbeitseinstellung ist massiv überlagert durch solche Antreibermuster, die uns schon früh als Ratschläge mitgegeben wurden, um im Leben klarzukommen. Diese gilt es nun beiseite zu räumen oder zumindest zu läutern (Mohr, Resilienzcoaching, 2017).

Zen und Arbeit haben noch eine andere Verbindung. Der Hintergrund von Arbeit ist Aktivität, die auch schon im kindlichen Spiel, in dem Kinder oft so beflissentlich sind, zu sehen ist. Es scheint also ein Teil von uns zu sein, den wir Menschen mitbringen, ernsthaft zu spielen. Später gewinnt Arbeit oft eine gezwungene Seite. Dies geht dann soweit, dass wir uns nur noch selbst akzeptieren, wenn wir produktiv sind. Wir stellen bald die Frage: Wer bin ich, wenn ich nichts mehr bin?

Doris Zölls stellt eine andere Form des Arbeitens dagegen: „Kontemplativ zu arbeiten, sprich im Zen-Geist zu arbeiten, heißt zu erfahren, wie das Leben sich in mir vollzieht. Ich werde eins mit meinem Tun, jedoch ohne mich darin zu verlieren, so dass ich mich selbst nicht mehr wahrnehme. Im Gegenteil. Ich erlebe mich gelebt, ich erlebe mich, wie in mir das Leben wirkt. Die Last der Arbeit, die auf mir liegt, wird mir vom Leben abgenommen." (S. 63)

„Es gibt niemand, der etwas tut, nichts, was getan wird, sondern das Bewusstsein vollzieht sich in diesem Moment in dieser Form. Benennen, bewerten oder kommentieren wir diese Form, ist dies ein Bild von der Wirklichkeit, nicht die Wirklichkeit selbst" (S. 74). Was Zölls hier beschreibt, kommt dem nahe, was auch im Flow beschrieben ist.

Als Fazit für die heutige Zeit kann man aus den Betrachtungen, die entlang von Doris Zölls „Erwachen im Alltag" möglich sind, festhalten: Wir haben oft die „predict- und control-Illusion". Wir denken die Welt kontrollieren zu können und versuchen sie zunehmend so einzurichten, dass sie genauso stimmt. Die Bedrohung durch Unvorhergesehenes, unangenehme Gefühle, letztlich der Tod, bestimmen uns und lassen uns zur Kontrolle des Lebens und auch unserer eigenen menschlichen Natur mit all ihren Schattenaspekten, die vermutlich heute die grösste Gefahr für uns darstellen, soweit kommen, dass wir uns von uns selbst entfernen. Das lässt sich korrigieren. Aber der Status des Umgangs miteinander, den die Menschheit entwickelt und bisher gefunden haben, ist nicht gerade ermutigend, wenn man sich die letzten hundert Jahre anschaut. Vielleicht haben heute durch den aufgebauten Stand unserer wirtschaftlichen und technischen Möglichkeiten mehr Menschen die Chance, das tiefe Menschliche in uns zu entdecken. Im Zen glaubt man nicht an einen göttlichen Kern innerhalb eines Menschen, wie es etwa im Hinduismus oder im auch in der christlichen Kontemplation („das Gottesfünklein" bei Meister Eckart) nahegelegt wird. Da ist kein archimedischer Punkt. Dies ist für viele im westlichen, jüdisch-christlich beeinflussten Kulturkreis eine ungewohnte Vorstellung. Gerade viele Menschen in spirituellen und esoterischen Szenen bauen sich dann eine Art Integration von beidem. Eine Grundfrage bleibt auch: Wie lässt man aber die Überlagerungen, die sich über das Selbst gelegt haben, los? Wie räumt man sie weg? Dazu sollte man sich auf Gefühle gefasst machen.

Der zweite Zugang: Fühlen lernen

Der folgende Abschnitt gibt Hinweise zu dem, wie man den eigenen Erkenntnisweg erleben wird, was einem im Selbstfindungsprozess geschieht und was man dann braucht. Man begegnet Gefühlen, die aus irgendeinem Grund in uns verborgen sind, sei es, dass sie durch eigene biographische Ereignisse zustande gekommen sind und verdrängt werden mussten oder schon ins Leben mitgebracht wurden, etwa weil sie vielleicht zur evolutionären Grundausstattung des Menschen gehören. Wir brauchen im Selbstfindungsprozess Fähigkeiten des konstruktiven Umgehens mit Gefühlen, eine Emotionsregulation. Das Menschsein lernt man nicht im Wellnesshotel kennen.

Aber zunächst etwas Grundsätzliches: Zwei Wege führen häufig in eine Sackgasse. Einmal ist heute viel von Embodiment die Rede, der Idee, dass zwischen Psychischem und Körperlichem immer ein Zusammenhang besteht. Das ist im Prinzip nicht schlecht, da der Körper auch mit dem Geist in Verbindung steht. Aber man springt vom Denken viel zu schnell auf die Körperebene. Im Rahmen der sechs Aufmerksamkeits- und Achtsamkeitstufen, Körper, Gefühle, Denken, Ich-Konstrukt, transgenerationale und nonduale Ebene (Mohr, Achtsamkeitscoaching, 2014) überspringt man einfach die Ebene der Gefühle. Jemand empfindet ein Gefühl und sofort kommt die Frage: Wo spürst Du das? Damit nimmt man dem Gefühl seine eigene Art. Gefühle korrespondieren mit der Seele, der Körper spürt. Die andere Falle liegt im Machen. Gefühle stellen Energie für Verhalten und Handeln zur Verfügung, das geht oft ganz automatisch. Die Gefühlsenergie wird in irgendeinem Verhalten abgefackelt. Interessant ist, dass die für das 21. Jahrhundert befürchteten chemischen Einflussnahmen auf die Psyche beides vereinigt, es ist ein Verhalten und es springt sofort auf die Körperebene. Der Psychologe Christian Meyer (2016) stellt dagegen einen Weg vor, der die Gefühle als Königsweg des persönlichen Wachstums darstellt. Das Wahrnehmen, Eingehen und Verweilen bei den eigenen Gefühlen werden zur Eingangstür der persönlichen Entwicklung. Seine Konzeption dient im Folgenden als Meditationshintergrund.

Der Kernpunkt der Reise: „Alles fühlen"

Meyer sieht den Menschen dazu zunächst in zwei grundsätzlichen Modi der Selbststeuerung. Modus 1 ist „Tun, um etwas zu bewirken". Das Beispiel dazu ist die Aufgabe, eine Brücke zu bauen. In diesem Kontext macht das auch Sinn. Anders ist Modus 2: „Geschehenlassen", die Gefühle produktiv zulassen. Für die persönliche Entwicklung ist für Meyer die zweite Variante, in der die Gefühle zum Vorschein kommen, zu präferieren und zu fokussieren. Allerdings sind wir Menschen im Geschehenlassen und Zulassen der Gefühle sehr ungeübt. Wir versuchen alles mit dem Modus 1 zu gewährleisten. Aber wenn man den Weg des Modus 2 beschreitet, passiert etwas ganz Bestimmtes. Gefühle treten auf. Meist treten sie in Form von Angst auf. Dann kommt der Gedanke, die Gefühle nicht aushalten, nicht bewältigen zu können. Wenn man dies weiterdenkt, steckt darin die Befürchtung, letztlich sogar irgendwie darin umzukommen. Deshalb beruht die moderne Welt auf Ablenkung von wirklichen Gefühlen. Tun, Agieren und permanentes Denken werden angeboten und eingeübt. Der Mensch wird trotz aller geschaffenen Annehmlichkeiten immer ein Getriebener. Er hat es sich selbst so eingerichtet, dass kontinuierlich Anforderungen entstehen, die aber vom Eigentlichen ablenken. Menschen werden zunehmend gestresst, weil sie nicht wirklich bei sich sind. Wir geben dies aber nicht auf, weil es uns von uns ablenkt. Man umschifft die Angst vor dem unbekannten Gelände des Fühlens. Wir Menschen behalten den Wunsch nach Abgelenktsein und Beschäftigung einfach bei.

Wie Kinder im Kindergarten: Wenn sie unruhig sind, werden sie beschäftigt. „Nun singen wir ein Lied, ...nun machen wir dies, ...nun machen wir das". Bei Erwachsenen arbeitet außerdem stetig die Gedankenmaschine. Zwar sind Gedanken eigentlich schnell langweilig. Die meisten Gedanken haben wir jeden Tag. Spätestens am nächsten Tag müssten sie eigentlich sehr fad sein. Aber wir lassen uns hier auch gerne von Gewohnheiten bestimmen. So erkennen wir uns auch immer wieder als derselbe wieder. Stellen wir uns einmal vor, wir hätten jeden Tag wirklich völlig neue Gedanken. Würde das nicht auch Angst machen?

Aber der Mensch hat die Initiative aus der Hand gegeben. Das Lied „I did it my way", nach dem man seinen eigenen Weg gesucht und gefunden haben soll, wird zwar gerne zur Beerdigung bestellt, aber bei genauem Hinsehen schreiben heute Facebook oder schlicht die eigene Gedanken-Gewohnheits-Maschine das Leben vor. So stellt sich die folgende Frage.

Wie können wir die Initiative wiedergewinnen?

Es gilt wieder zu fühlen, Kontakt mit uns selbst zu bekommen, sich zu verändern vom „sollte" und „müsste" hin zum „was ich möchte". Dies bedeute wieder in sich hinein zu hören: Welches Gefühl ist da? Der Strom der Gefühle ist immer da, aber wir nehmen ihn aufgrund der Fokussierung auf Denken und Handeln kaum wahr. Der konkrete Lösungsweg, um wieder ins Fühlen kommen, ist Geschehenlassen. Dies bedeutet aber nicht das zuzulassen, was heute von außen laufend angeboten wird, sondern das, was von Innen aufsteigt. Dies ist durchaus auch eine Kritik an den Wellness- und Yoga-nebenbei-Angeboten. Denn die Offenheit nach Innen ist keine geführte Wellnessreise. Wenn die alternativen Methoden nur zum wieder besseren Agieren in den Oberflächenwelten eingesetzt werden, resultieren sie gerade im Gegenteil dessen, wozu sie geschaffen wurden, in weniger Selbstbestimmtheit. Auch der Sozialphilosoph Hartmut Rosa, der im Band über „Dialog und Resonanz" ausführlich zu Wort kommt, hat kürzlich in seiner Kritik der beschleunigten Gesellschaft davor gewarnt, Beschleunigungsoasen zu erzeugen, um danach noch schneller und produktiver zu werden.

Dennoch unternehmen Menschen sogar vieles, dass nur irgendjemand kommt und sagt, was sie tun sollen. Es ist ein merkwürdiges Ausweichverhalten. Die Fokussierung auf das Fühlen, das genau zwischen der Aufmerksamkeit auf den Körper und der auf das Denken liegt, beinhaltet etwas ganz anderes. Das reine Fühlen unterscheidet sich deutlich von den Denk-Gefühls-Verquickungen oder auch den Körper-Gefühls-Verbindungen, die unser Bewusstsein meist beherrschen. Zum Beispiel erleben wir Angst oft verbunden mit einer Situation. Sofort müssen wir die Situation ändern. Oder man ist traurig über etwas, dann muss man sich schnell davon ablenken. Den Gipfel erreicht diese Vorstellung in neuen diagnostischen Leitlinien für psychische Störungsbilder (aufgeschrieben im Handbuch DSM V), nach denen Trauer von mehr als zwei Wochen nach dem Verlust eines Angehörigen schon eine Depressionsdiagnose nach sich ziehen kann. Die legt dann auch sofort Medikamente, also einen chemischen Eingriff in die Gefühlswelt nahe. Es lockt „mother's little helper", wie es die Rolling Stones nannten. Harari sieht in dieser Chemisierung der Gefühlswelt und des Glücks die voraussichtliche Zukunft. Aber wenn das der „Homo Deus" sein soll?

Was aber ist mit den Gefühlen im Alltag?
Schon allein die Frage „Wie fühle ich jetzt?" und das zeitweise Innehalten hilft, um das Weggehen vom Gefühl zu beenden. Aber Vorsicht! Hinter vielen Ängsten, auch der Angst vor dem Fühlen steht letztlich die Angst vor

dem Sterben, vor der einzigen Gewissheit, wenn ein Mensch lebt. Das behauptet Christian Meyer und ich stimme ihm da zu. Denn viele Ängste haben bei näherem Nachfragen eine innere Eskalationsspirale in absolute Worst-Case-Szenarien. Gefühle, insbesondere in ihrer unangenehm erlebten Form, werden oft per se als gefährlich erlebt. Deshalb wählt man, um die innere Eskalationsspirale zu vermeiden, schnell den Weg zum Nichtfühlen. Dies geschieht ganz unbewusst und sehr schnell, einfach wenn man schon aus der sanften Konzentration auf Gefühle herausgeht. Dahinter steht die Angst vor dem sich Überlassen: Was macht das Leben mit mir, wenn ich es machen lasse? Was in der Evolution gegenüber dem Säbelzahntiger vielleicht angemessen war, bestimmt noch heute unsere Reaktion.

Im Alltag lässt man bei Nebenkriegsschauplätzen „Gefühle raus", aber nicht da, wo es wirklich um etwas geht. Man projiziert, verdrängt oder dramatisiert. Gefühle treten dann oft nicht als reines Gefühl auf. Es ist ein innerer Doppelpack: Gefühl und Gedanke, oder Gefühl und Reaktionsmuster. Gefühle zeigen sich interessanterweise auch oft genau in der Reaktion, die dann Ausdruck ist, das Gefühl wegzumachen.

Nach 1945 entstand in Deutschland eine weitere irrationale Angst, die vor der Irrationalität. Eine gerade von sehr viel Gefühl getragene Bewegung, die der Nazis, hatte das Gefühl als solches suspekt gemacht und ließ die Menschen von Gefühlen Abstand nehmen. Man fühlte sich auch verführt. Zudem kam der viele Schmerz hinzu, der verdrängt werden musste. Schon im Standardwerk von Alexander und Margarete Mitscherlichs „Unfähigkeit zu trauern" wurde dies benannt.

Der Körper spürt, die Seele fühlt

Bestimmte Körperreaktionen sind natürlich Teil des Funktionszusammenhangs eines Gefühls (z.B. Weinen bei Trauer, Lachen bei Freude). Aber Fühlen ist etwas grundsätzlich anderes als eine Körperempfindung. Deshalb ist die oft gehörte therapeutisch gedachte Frage: „Wo spürst du das Gefühl?" eine Verlagerung, die erst einmal auf ihren Sinn geprüft werden sollte. Aus der Erfahrung heraus, dass eine Unfähigkeit zu fühlen, sich oft in körperlicher Symptomatik niederschlägt, sollte man sogar eher vorsichtig mit dem Hineinpositionieren in den Körper sein. Besser wäre nach diesem Gedankengang, das Gefühl außerhalb des Körpers zu lokalisieren.

Auch Energie ist ein Begleitphänomen des Gefühls. Gefühle haben eine innere Bewegungskomponente. Sie tendieren zum nach außen Bewegen, zum Sprühen, zum Rückzug, zum Kontrahieren, zum Zusammenziehen. Darum geht es aber nicht zentral. Aber spannend ist die Frage: Mit was nehmen wir Gefühle wahr? Oft ist die

Antwort „mit dem Herzen". Aber was bedeutet diese Metapher konkret? Welche Instanz in uns fühlt?

Wir sind (nicht) der Körper, wir sind (nicht) der Geist. Beides gilt. Aber wir nehmen es so oft einseitig an, aber im Kern ist es nicht so. Kürzlich hatte ich ein sehr trauriges Erlebnis: Eine Frau meines Alters war innerhalb von drei Jahren durch Alzheimer in eine absolute Demenz gefallen. Bei einem Besuch erkannte sie mich nicht und zeigte wenig äußerliche Regung. Wir gingen eine kleine Wegstrecke um das Pflegeheim herum. Ich fragte mich, ob sie noch Bewusstheit hat. Sie konnte nicht mehr sprechen, aber als ich ihr Wasser anbot und sie zu schlucken versuchte – der Schluckreflex funktionierte nicht mehr einwandfrei – machte sie ein schmerzverzerrtes und sehr trauriges Gesicht. Jetzt erlebte ich sie. Immer ist ein Gefühl da oder eine tiefere Erfahrung. Gefühle sind nicht immer laut.

Zurück zum Ansatz von Meyer: Bei den Formen des Umgehens mit Gefühlen ist das davon weggehen genau wie das sich drauf stürzen nicht gut. Aber mehrere Übungen können bei der Gefühlswahrnehmung helfen. Die Tonübung ist eigentlich eine Seufzübung. Alles wird in einem Ton wie ein Seufzen freigegeben. Es ist kein bewusstes Singen wie etwa das O-A-Um im Zen. Es ist ein Geschehenlassen dessen, was man sich sonst verkneift. In der Gruppe erreicht die Seufzübung eine ganz besondere

Kraft. Hier erleben viele Menschen eine große Gemeinsamkeit.

Die Reise in die Tiefe

Dann nennt Meyer noch die Bewusstseinsübung. Dieses Hineinfallen Lassens, ist eine Reise in die Tiefe. Dies ist der methodische Kern von Meyers Entwicklungsweg. In einer Trance stellt man sich vor, innerlich immer tiefer zu fallen. Wie durch einen Kanal oder einen Schlund geht es nach unten. Am Beginn steht ein Gefühl, in das man sich hineinbegibt, „hineinfallen" lässt, ohne eine Geschichte oder Gedanken damit zu verknüpfen. Kein „Warum" und „Wieso", kein „Wozu nutzen" oder „Wie zu bewältigen". Einfach nur das Gefühl da sein lassen und warten was passiert. Der Mund soll für eine entspannte Atmung leicht geöffnet sein. Oft passiert das Abbiegen. Das „Ich" biegt ab, stößt gegen eine Wand. „Jetzt fühle ich gar nichts mehr" oder „ich halte es irgendwie nicht mehr aus".

Eine dazu alternative und weiterführende Haltung ist sehr grundsätzlich „Wenn ich heute sterben sollte, lasse ich das zu." „Wenn es sein sollte, bin ich dazu bereit." Dies hört sich aus der Alltagsperspektive erst einmal sehr martialisch an, ist aber auch eine Realität. Wir haben das Leben nicht in der Hand. In der Tiefer-sinken-lassen-Übung gilt es weiter im aktuellen Status zu verbleiben, ohne die Gedankenmaschine anzuwerfen und zu warten, bis man innerlich tiefer sinkt. Dies geht solange, bis man irgendwann in eine Art Schweben kommt. Dann ist das akute Gefühl meist weg und man ist in einer der „tieferen Erfahrungen" angekommen: innere Ruhe, Ausgeglichenheit, Frieden, Liebe oder Freude. Das Gefühl ist weg, man „ist" nur noch, aber mit leicht unterschiedlichen Tönungen. Dies ist von Mensch zu Mensch unterschiedlich. Schon Shakyamuni, der Buddha, den man als ersten Gefühlspsychologen werten kann, hatte selbst hier diese verschiedenen Formen beschrieben.

Die Bewusstseinsübung nach Meyer kann auch, so wie ich sie in einem Workshop von ihm erfuhr, als Partnerübung durchgeführt werde und besteht aus vier Elementen:

1. Der Interviewer fragt: „Wessen bist Du Dir gerade bewusst?" Der Gefragte antwortet.

2. Der Interviewer spiegelt und beantwortet mit Wiederholen der Aussage: „Du bist Dir bewusst"

3. Dann kann er Vorschläge anknüpfen, die weiterführen: z.B. „Vielleicht ist es auch so, dass ...“ „Und Du kannst auch wahrnehmen, was Du dabei fühlst".

4. Und er schließt ab mit „Das kann Dir helfen tiefer zu fallen". Dann wartet der Interviewer auf die nächste Antwort des Gefragten.

Dann folgt wieder Phase eins. Gerade die dritte Phase ist interessant. Hier kann auf unterschiedlichen Ebenen weitergeknüpft werden. Als erstes bieten sich Anknüpfungen wie Ansagen zu Körperempfindungen an: „leichter", „schwerer", „entspannter", „Atem sich verändert", „Anspannungen lösen". Genauso können Gefühle weiterführen: „in den Gefühlen zu bleiben", „wie das Gefühl sich entwickelt", „ein zusätzliches Gefühl, das sich entwickelt". Für den Interviewer gilt: Von Übel sind Bewertungen, bestimmte Absichten, besonders gut fragen zu wollen oder es hinter sich bringen zu wollen. Auf die Ebene der tieferen Erfahrungen zu kommen, ist das Ziel der Übung. Keine Aufforderungen! Die sind kontra-produktiv, weil man dann vom Geschehenlassen weggeht. Erfahrungen mit der Übung sind so, dass ein Festhalten das Sinken beendet.

Der Weg zu sich selbst

Der Weg zu sich selbst geht nicht nebenbei, etwa in der Form, die gut reinpasst, die halbe Stunde Meditation, nach der man wieder gut arbeiten kann. Dann ist es nur Mittel, aber es muss das Wesentliche werden, zu dem anderes das Mittel ist. Es entsteht kein Bewusstseinssprung, wenn nur ein bisschen mehr Schauen nach dem Weg nach innen als nach dem Mond stattfindet. Spiritualität ist immer ein ganzer Erfahrungsweg mit innerer

Transformation zur tatsächlichen Tiefe.

In der Historie gab es viele Formulierungen für das Ziel, oft religiös beschrieben: „Einswerden mit Gott", „Erleuchtung", „Aufwachen". Meyer verweist darauf, dass auch die Psychologen Karen Horney, Erich Fromm, Carl Rogers und Fritz Perls durch ihre Arbeit Erwachenszustände erlebten. Es ist kein Glauben von oder an etwas nötig, sondern innere Erfahrung. Für die Praxis gelte es, nicht zu früh Halt machen, sondern dranzubleiben. Psychologie hat gezeigt, wenn man Inneres weiterverfolgt, entsteht spirituelles Wachstum. Der Einsatz, der zu bringen ist, lohnt, obwohl er hoch ist. Die Mönche wussten es früher, 50 Prozent Arbeit, 50 Prozent Kontemplation. Man stößt auf sich selbst in der Kontemplation. Und die Arbeit diente der Kontemplation und ermöglichte sie, nicht umgekehrt.

Dies fängt schon bei Zielsetzung und dem Zweck an. Negation sollte nicht Ziel sein. Nicht mit dem Entrinnen von etwas beschäftigen, es braucht Positives. Albert Camus beschreibt in seiner Rede zum Empfang des Nobelpreises drei Phasen in seiner Entwicklung, die Phase der Negation, die der Bejahung und die der Liebe. Aber es braucht nichts Besonderes zu sein, etwas Durchschnittliches, Bescheidenes reicht hier. Auch nebulös darf es sein: Bei sich selbst ankommen! Die Essenz des menschlichen Lebens erfahren! Es wird sowieso nicht das Konkrete herauskommen, was man schon vorher weiß, sonst könnte man ja einfach umschalten. In der Regel gibt es eine Überraschung.

Akzeptanz und Hingabe

Noch schwieriger ist der Punkt der Akzeptanz dessen, was ist. Dieser für Resilienz so wichtige Begriff ist sehr genau anzuschauen. Es bedeutet zum Beispiel auf die Vergangenheit bezogen „Es durfte genauso geschehen, wie es geschehen ist". Dies erlaubt beispielsweise nicht die Rechtfertigung einer Tat eines anderen. Aber es bedeutet eine Haltung „Mein Schicksal war und ist gut für mich". Eine gute Frage laut Meyer dazu sei: „Gibt es ein schlimmes Ereignis, von dem Du sicher weißt, dass da nur Schlimmes daraus geworden ist?" Die Antwort ist natürlich „nein". Es hilft, die Polarität zwischen dem inneren Frieden und dem Außen aufzuheben. Akzeptanz ist ein wichtiges Thema in Schritt. Für ein vergangenes traumatisches Ereignis gilt „es durfte geschehen", aber nicht: „Der durfte das machen." Sonst wird die Illusion „Es geschieht nicht" aufrechterhalten. Und es gibt dauernd ein inneres Drängen, dass es nicht hätte sein dürfen.

Spirituelle Weisheitslehren haben die Tendenz Erfahrungen zu verallgemeinern. Aber im Grunde wissen wir vieles nicht. Wenn die Suggestion entsteht, man wisse hier was, ist Hinterfragen nötig. Es gibt weiterhin die unbeantworteten Fragen. Wir wissen die wichtigen Dinge nicht. Frieden beginnt mit der Angst. Es ist erst einmal schwer, im Frieden zu sein mit etwas, das gerade nicht erwartet wird. Dazu ist Hingabe erforderlich. Und sie verlangsamt, sonst ist es keine Hingabe. Menschen müssen das Ausgeliefertsein, das mit der Hingabe zu tun hat, akzeptieren: Sie erleben das Ausgeliefertsein gegenüber der Atmosphäre und den Reaktionen anderer (wir glauben, wir beeinflussen sie) und kämpfen mit dieser Tatsache. Aber die Hilfe ist Hingabe an das, was ist, egal ob Frieden ist oder zunächst noch nicht.

Körper

Tatsächlich schlagen geistige Phänomene auf den Körper durch, wenn Fühlen nicht möglich erscheint oder nicht geübt ist. Dann sind zunächst Körperübungen wichtig. Meyer empfiehlt hier die Schmelzatemübung. Die Schmelzatemübung dient dazu, körperliche Schmerzen schmelzen zu lassen. Man atmet in die Richtung der körperlichen Verspannung oder des Schmerzes. Bei allen Übungen mit Körperbezug betont Meyer, dass der Mund geöffnet gehalten werden sollte, weil dann das Ausatmen leichter ist. Schmerz ist oft Angespanntsein gegen die Angst. Beim Einatmen sich ein Schmelzen beispielsweise eines Schmerzes oder einer Anspannung vorstellen, beim

Ausatmen einen Ton machen. Hier wird die Metapher des „Emotionalkörpers" gewählt: Man muss gefühlsmäßig Dinge verdauen. Wenn das nicht passiert, geht es in den physischen Körper. Zum Beispiel kann sich im „wahnsinnig müde Fühlen" der Zusammenhang zeigen, dass wichtige Gefühle verdrängt werden und dies innere Leistung erschöpft. Der Weg ist dann, Gefühlen Raum zu geben.

Die tieferen Erfahrungen

Unterhalb der Gefühle liegen die „tieferen Erfahrungen", tiefer als Gefühle, z.B. „Leere", „Stille", „innerer Frieden". „Darunter liegen" ist natürlich eine räumliche Metapher, dies kann beim Einzelnen auch dahinter, darüber oder sonstwo sein. Aber die „tieferen Erfahrungen" sind innere, ruhende Stimmungen des Menschen. Wenn man ihnen begegnet, nimmt die Körperintensität im Gegensatz zu Gefühlen ab. Ein zweiter Unterschied ist: Gefühle haben Ursache, tiefere Erfahrungen sind da. Gefühle sind wie Wellen, die tiefen Erfahrungen wie der Ozean. Tiefere Erfahrungen sind das eigentlich Spannende, weil sie nah am Aufwachen liegen. Aber wie kommt man auf diese tiefe Ebene? Zunächst muss das innere „Sollte"-, „Müsste"-Schema verändert werden. Oft gibt es dabei innerlich ein Spannungsfeld verschiedener „Müsstes". Die unterschiedlichen Pole eines Phänomens sind dazu zu benennen und jeweils für eine Zeitlang innerlich einzunehmen. So entsteht ein innerer Dialog. Die „Solltes" und „Müsstes" sind mit dem inneren Begleiter verbunden, der sich zunächst oft als Kritiker zeigt. Eine Mutation des inneren Begleiters kann aber stattfinden: vom Kritiker zum spirituellen Freund. Viele Menschen erleben im inneren Dialog mit sich Teile, die das eigene Verhalten und Empfinden bewerten. Die Gefühle lassen sich bearbeiten, wenn man die im Kritiker enthaltenen Grundüberzeugungen in Frage stellt.

Auch eine Nahtoderfahrung ist (nur) halbes Aufwachen. Aber es ist keine Grenzüberschreitung vom Diesseits ins Jenseits, sondern von der Oberfläche in die Tiefe. Ansatzweise funktioniere es schon mit der generellen Frage: „Wie ist das Gefühl?" das Anspannungen aufgelöst werden. Gedanken und ihre Wirkung: Wenn man denkt, der Gedanke führt einen weg von der Erfahrung, dann ist man weg.

Die Polaritätsarbeit findet oft als Stuhlarbeit statt. Beispielsweise auch in einem Dialog mit dem eigenen Körper. Der Körper sitzt auf einem anderen Stuhl. Nach einzelnen Aussagen kommt es zum Tausch der Position.

Loslassen

In Schritt des Loslassens zitiert Meyer ein nachdenkenswertes Wort von Punjaji „Du musst all das loslassen, was Du nicht hast". Sicherheit des Nachher haben wir nicht. Vorstellungen, wie es sein soll, legen uns fest. Die Sicherheit engt uns ein. „Wenn wir das und das geschafft haben, wird man jemand sein", durch das Loslassen wird man frei. Wenn ich eine Erwartung habe, werde ich Einiges tun, damit das, was ich tue oder wie ich es erlebe, zu meiner Erwartung passt. Sonst können wir die Situation nicht unbefangen betreten. Mit den Erwartungen schafft man auch den anderen nicht wirklich zu sehen, sondern nur ein eigenes Vorstellungsbild zu adressieren. Man kann aber auch den ganzen Tag durch die Welt gehen, ohne mit etwas zu rechnen. Im Aufwachen verschwinden die Erwartungen.

Wie kann das Aufwachen fundamentaler werden? Man kann selber wieder davon weggehen. Wenn man selbst von der Stelle weggehen kann, dann drängt sich das Außen rein. Insgesamt stellt Meyer einen sehr klar fokussierten Ansatz vor. Er rehabilitiert die Gefühle als zentrales Moment des menschlichen Funktionierens und der Findung des Selbst. Damit steht er in der Tradition von Eugene Gendlin mit seinem Focusing oder auch Peter Levines Somatic Experience. Es geht nicht darum, ein kluges neues Modell über sich selbst zu entwickeln und damit zu erdenken, sondern sich über die Gefühle zu reinigen. Das bringt die Freiheit. Ebenso ist sein unprätentiöser Ansatz zum spirituellen Weisheitsweg über das Zulassen der Gefühle sehr wohltuend. Keine esoterischen Denk- und Glaubenssysteme, sondern praktische Übungen, unterstützen den Weg. Er spricht von „Aufwachen" und vermeidet deutlich Begriffe wie „Erleuchtung", die bei Lichte betrachtet einen merkwürdigen Klang haben. Aufwachen unterscheidet sich aber bei genauer Betrachtung nicht sehr von einer tiefgreifenden Erkenntnis in der Psychotherapie.

Der dritte Zugang:
Das Leben annehmen

Kontemplation stellt den aus dem christlichen Hintergrund inspirierten spirituellen Entwicklungsweg dar. Gelebt wurde sie traditionell in monastischer Tradition und nicht selten wurden ihre Vertreter von der offiziellen Kirche verfolgt. Mittlerweile ist Kontemplation jedoch in der Laienpraxis sehr gut angekommen, jedes Jahr lernen Hunderte die Grundprinzipien. Allerdings berichten viele Praktizierende, dass nach der Kontemplationsübung der Alltag so schnell wieder Einzug halte. Die Stunden in der Einkehr fühlen sich so sehr anders an, als das tägliche Leben.

Ist eine Vereinigung von kontemplativer Welt und Alltagswelt überhaupt denkbar? Ist eine meditative Haltung, die das ganze Leben durchzieht, vorstellbar? Wer sich diese Fragen stellt, für den ist die Auseinandersetzung „Ich suche nicht, ich finde" von Fernand Braun (2017) ein interessanter Ansatz. Der eher für die christliche Kontemplation stehende spirituelle Leiter des Benediktushofes stellt seinen eigenen Erfahrungsweg und seine damit verbundene Übung der Kontemplation dar. Und siehe da: Der Weg ist alles andere als gradlinig, so wie es in vielen anderen Leben auch geschieht. Jeder Mensch lebt eine Geschichte, ein Narrativ, wie man heute sagt. Dabei gibt es unterschiedliche Genre, von der gesellschaftlich gut kompatiblen Geschichte bis zum spektakulären Ausbruch, von der banalen Aneinanderreihung alltäglicher Ereignisse bis hin zu Drama und Tragödie. Manche Leben ähneln von außen betrachtet auch einer Komödie.

Fernand Braun lässt mit großer Offenheit Einblick nehmen. Eine zunächst recht beschaulich beginnendes Leben wird bald zu einem wechselhaften Erfahrungsfeld. Vor allem überträgt das Leben dem eigentlich eher für sich bleiben Wollenden immer wieder Verantwortung, gegen die er sich sträubt, aber die er dann doch übernimmt. Schon als Kind und auch später ist seine Aufmerksamkeit auch in der mystischen Welt. Ich möchte an dieser Stelle nicht spezieller darauf eingehen, sondern dafür das Buch empfehlen. Allerdings macht es Sinn, sich die Grundbotschaft anzusehen: Das Leben kommt auf uns zu und ist in seiner individuellen Aufgabenstellung für uns anzunehmen.

Das Leben annehmen

Interessant ist, wie die erst einmal auf sich bezogene Kontemplation mit Interesse und Freude an Menschen, an der Begegnung verbunden wird. Man könnte es „Liebe" nennen. Wir suchen uns das Leben nicht aus. Wir werden in eine bestimmte Zeit, eine Region, eine Familie und sogar einen Körper hineingeboren. Wir bekommen das Leben präsentiert und zwar ein ganz individuelles, jeder von uns.

Unter die Bedürfnisse kommen

Der Unterschied zwischen der Haltung des Suchens und der des Findens, oder genauer gesagt des Gefundenwerdens, weil darin die Nicht-Aktivität steckt, ist ein bemerkenswerter. Das Suchen beruht bei Menschen darauf, dass aus ihrer Sicht etwas nicht so ist, wie es sein soll. Eigentlich ist es ein durchaus normaler Prozess. Wenn ich kein Einkommen habe und – wie es in vielen Ländern der Fall ist – Angst habe, mein Grundbedürfnisse nicht befriedigen zu können und aktiv Arbeit suche, macht dies Sinn. In unseren Breiten könnte man darüber streiten, wieweit die Grundbedürfnisse nicht schon durch den Staat bedient werden. Allerdings sind auch viele nichtluxuriöse Bedürfnisse nach Teilhabe am heutigen Leben mit der Grundsicherung nicht gewährleistet, etwa dass Kinder an einer Klassenfahrt teilnehmen können. Ein bedingungsloses Grundeinkommen könnte hier die Lösung sein.

Nun aber zurück zum Suchen und Finden. Das Suchen und Finden kann mit einer inneren Ungereimtheit und Unruhe bezüglich der aktuellen Lebensposition zusammenhängen. Bin ich an dem Ort, an dem ich sein will, tue ich das, was ich tun möchte. Möglicherweise gibt es so etwas wie einen inneren Ruf nach einem bestimmten Platz im Leben oder einem inneren Thema, einer Aufgabenstellung, die jemand in einem Leben hat. Wenn man dem folgt, kann man ein Gefundenwerden erleben und ist dann zumindest eine Zeitlang innerlich ruhig.

Falls dieses Suchen allerdings immer weiter anhält, ist auch eine andere Ursachenvariante denkbar. Bei den meisten Menschen hat das Suchen vielfach damit zu tun, über einen potenziellen Sucherfolg das Ich zu stabilisieren. Sie fühlen sich nicht gut, wenn sie bestimmte Dinge nicht haben oder an Ereignissen nicht teilhaben können, die Einfluss auf das „Ich" haben. Entweder sie haben die Suchziele vermittelt bekommen bis hin zur Extremvariante „Sei immer strebsam und bemüht", so dass es gar nicht mehr auf den Inhalt ankommt, sondern irgendwas muss immer erstrebt werden. Oder sie haben sich selbst früh dazu entschieden, dass immer etwas getan werden muss, immer Aktivität zu etwas da sein muss.

Sogar „erleuchtet zu werden" fällt bei spirituell angehauchten Menschen in diese Suchziele. Viele haben daneben noch andere Ziele – gutes Leben, Wellness etc. – und als Tüpfelchen auf das „i" dann noch die Erleuchtung, weil man davon ja heute auch so viel hört und man den Dalai Lama auch irgendwie gut findet.

Aber das Suchen aufzugeben, wird schon vom Buddha nahegelegt, der die Quelle für vieles Leiden im Streben sieht. „Suchen aufgeben" bedeutet aber entsprechend, sich der vermeintlichen Bedürfnisse klarwerden. Dabei ist zu beachten, dass sich Bedürfnisse oft durch Gefühle zeigen. Unangenehme Gefühle zeigen einen Mangel bei den Bedürfnissen an. Da man Bedürfnisse selbst nicht so wahrnehmen kann, äußern sie sich durch Gefühle. Gefühle sind technisch ausgedrückt ein Thermometer der Bedürfniserfüllung. Dies gilt beispielsweise auch für die Ich-Bedürfnisse, also die, die aus der Eigendynamik des „Denkapparates" entstehen. Die Produktion von Gedanken, die man übrigens trotz aller Errungenschaften der Hirnforschung noch nicht ermittelt hat, hat etwas Eigendynamisches. Gedanken entstehen einfach als Muster schon vorhandener. Wenn man in Achtsamkeit sitzt oder meditiert, kann man das gut beobachten, wie die Gedanken innerlich auftauchen. Entsprechend kann sich das Bedürfnis des Ich, immer in Aktivität zu sein und die Denkmaschine am Feuern zu halten, in einer körperlichen Unruhe zeigen, wenn dies gerade nicht erfüllt ist. Von diesem Phänomen kann jeder, der längere Meditationseinheiten übt, berichten.

Suchen und Streben sind also keine rein kognitiven Prozesse, sie haben in der Regel nur eine dünne Bewusstseinsoberfläche. Darunter sind tiefere Bedürfnismuster, die erst einmal an die Oberfläche kommen müssen, lokalisiert. Der Mensch hat sie in der Regel in seinen frühen Jahren gefestigt. Nach der epigenetischen Theorie (Anlage plus Umwelt) bringen wir Anlagen mit ins Leben mit und in Interaktion mit unserer sozialen Umwelt (Familie, Milieu, Kultur) werden dann die Muster geformt. Wieviel wir mitbringen und wieviel wir aus dem Kontext übernehmen, ist allgemein umstritten. Fernöstlich geprägte Autoren werden außerdem den Karma-Gedanken an dieser Stelle einfügen. Die Bedürfnisse sind also bis zum einem gewissen Grade in der Meditation auszusitzen.

Einige Übungen helfen beim Gefundenwerden, das im Übrigen von innen heraus und nicht von außen passiert.

Übung 1: Setz dich hin und heiße alle unangenehmen Gefühle, die Du kennst, willkommen. Dies klappt natürlich besser, wenn Du grade akute Gefühle spürst. Dann kannst Du dich freuen, weil jetzt die Übung besseres Futter hat. Spüre das unangenehme Gefühl, ohne es zu benennen und lass es da sein. Du kannst sogar soweit gehen, in eine Haltung zu kommen, dass dieses unangenehme Gefühl jetzt immer da sein darf, es dich von jetzt ab „beherrschen darf". Sei gespannt, was passiert.

Eine andere Übung zielt in Richtung Reduzierung auf das Wesentliche.

Übung 2: Worauf könntest Du ad hoc verzichten?

Eine Übung zu dem, was von innen an Handlungsimpulsen kommt.

Übung 3: Welche Aktivitäten kommen aus dir selber hervor, ohne dass Du danach suchst?

Es geht letztlich um die Frage: Was bedeutet es, sich in einer kontemplativen Haltung in die Hingabe dem Leben gegenüber zu begeben? Selbst die Dinge, die einem gegeben wurden und die man mit Freude eingegangen ist, vergehen irgendwann. Ein neuer Ruf ereilt uns. Wir können uns vor dem Leben verstecken und eine einmal eingeschlagene Richtung auf Biegen oder Brechen beibehalten. Eine andere Variante ist, sich dem hinzugeben, was einen gerade finden will. Nicht selbst suchen, sondern gefunden werden, das ist eine Haltung, die in einer

Welt der Selbstoptimierer erst einmal als besonders auf-
fällt.

Ziele setzen

Heute ist alles auf Zielgerichtetheit getrimmt. Im ausge-
henden 20. Jahrhundert wurde zum wesentlichen Teil
des allgemeinen Narrativs die Idee, dass der Mensch sich
Ziele setzen muss und dadurch nach außen im Leben er-
folgreicher und nach innen glücklicher werden solle.
Seitdem wird Generationen von Menschen diese Vorstellung vermittelt.

Nicht zuletzt aus dem Weg hin zu fatalen Erfindungen
des Menschen wie der Konstruktion der Atombombe zur
Rettung der Welt vor der Tyrannei Deutschlands und
Japans im 2. Weltkrieg oder der erfolgreichen Reise zum
Mond wird das Zielsetzungsparadigma als der Wir-
kungsmechanismus menschlicher Lebensgestaltung an-
gesehen. Wenn man sich Ziele setze, komme man schneller voran, weil man ja sonst nicht wüsste, wohin man
wolle. Viele kluge Sprüche wie „Wenn Du kein Ziel hast,
weißt Du nicht, wohin Du segeln kannst" scheinen dies
zu bestätigen. Dabei ist menschliche Wirklichkeit viel
eher durch Kierkegaards „Man muss das Leben vorwärts
leben und in der Rückschau wird es verstanden" geprägt.
Ein Ziel allein trägt nicht. Die Begeisterung für das Tun

auf dem Weg trägt und die wird erzeugt durch die kleinen Erfolge auf dem Weg und nicht durch das große Ziel. Die Zielsetzungseuphorie macht vor allem auch die „Predict and Control"-Logik möglich. In der Wirtschaft wird mit den Zielvereinbarungssystemen ein vermeintliches Sicherheitssystem gegenüber befürchteten Überraschungen versucht. Allerdings kommen diese trotzdem. Aber gerade die neoliberalen Steuerungen der Unternehmen hin zum Shareholder-Value, also einen ständig maximal steigenden Wert der Aktien des Unternehmens, hat dies benötigt. Die Aktionärsfunktionäre als die Verwalter reicher Vermögen und die Analysten brauchen diese Daten für ihre Entscheidungen. Für alle anderen ist diese Ideologie von Wirtschaft und Gesellschaft eher eine vom Hochleistungssport entnommene Kultur. Insofern tragen sie gerade in den Unternehmen und auch den diese Techniken heute gerne übernehmenden anderen Bereichen wie dem Gesundheits- und Sozialsektor eher zu einer künstlichen Welt als zum Leben bei. Denn die Ziele werden bis zum kleinsten Mitarbeiter „heruntergebrochen", wie es so schön heißt, und man suggeriert, dass alles nach Plan gehe.

Der Weg

Über „das Still werden, bei sich selbst ankommen" und das „im Augenblick sein" gelingen die Begegnungen mit dem Du, mit der Welt, mit dem Tod. Wir sind eine Spezies, die um den Tod ihres Bewusstseins weiß. Viele von uns ereilt es heute schon vor dem körperlichen Tod. Viele werden heute dement. Ein Teil verliert das Bewusstsein erst mit dem Tod des Körpers. Der Geist verlässt uns, lange bevor der Körper fertig ist. Damit sollte man sich vorher auseinandersetzen, bevor es soweit ist.

Weitere Übungsformen, die Fernand Braun anbietet, sind etwa Verneigungen. Sich vor Menschen, vielleicht auch an Plätzen zu verneigen, ist eine Geste des Zurückstellens der eigenen Person gegenüber dem anderen oder einem großen stattgefundenen Ereignis. In einigen Religionen geht das bis zu Niederwerfungen, die dies symbolisieren.

Braun empfiehlt auch Gehen und Bewegen. Aus dem japanischen Zen ist die langsame und schnelle Gehmeditation kin hin bekannt. Oder „Tönen", etwa das O-A-Um, aber auch Arbeit. Wie schon im vorigen Kapitel gesagt, ist Arbeit ein zentraler Erfahrungsbereich in der Meditation. Weitere Übungen sind das Rezitieren mystischer Texte und die Praxis des liebenden Mitgefühls.

Der vierte Zugang: Ent-täuschung

Hararis Prognose geht auch dahin, dass Menschen ihr Denken mit chemischen Mitteln beeinflussen werden, damit das Glückserleben so leichter hergestellt wird. Und das Denken wird gerade in ganzheitlichen Ansätzen oder von den spirituellen Weisheitswegen oft kritisch gesehen. Dennoch bleibt das Denken ein vielgestaltiges Phänomen. Eine interessante Analyse hat dazu Alexander Poraj mit dem Titel „Ent-täuschung" vorgelegt. An dieser Analyse bewege ich mich im Folgenden entlang. Poraj, ebenfalls einer der spirituellen Leiter des Benediktushofes, des Zentrums für Meditation und Achtsamkeit, betrachtet die Zusammenhänge des Denkens. Wie ist dieser sechste Sinn, wie ihn schon Buddha bezeichnete, einzuordnen? Man weiss heute aus der Hirnforschung, dass in einem nach außen gerichteten Kommunikationsvorgang ein Großteil der beteiligten Nervenzellen rein aus den eigenen inneren Vorerfahrungen, also einem inneren und auf bestehende Informationen bezogenen Prozess besteht. Außerdem scheinen sich Gedanken nicht so einfach abschalten zu lassen. Also lohnt es sich zu überlegen: Was ist das Eigendynamische, das unser Denkapparat darstellt, und wie wirkt er sich aus? Hinzu kommt der von Descartes geäußerte berühmte Satz „Ich denke, also bin ich" der tatsächlich vielen subjektiv Identität gegeben hat, obwohl er damit weniger das Denken allgemein, sondern die Fähigkeit des Hinterfragens und Anzweifelns meinte und damit seine Eigenexistenz nachzuweisen versuchte.

Das Denken selbst ist immer wieder Objekt von Analysen, wobei man Menschen beizubringen versucht, besser, logischer, rationaler zu denken (z.B. Dobelli). Auf der anderen Seite stehen die, die auf das Bauchgefühl pochen (z.B. Gigerenzer, Bauer) und von vielen wird heute diese Ebene auch wiederum einseitig als alleinig wichtig dargestellt.

Aber die Identitätsfrage, ein Bewusstsein darüber zu gewinnen, wer man wirklich ist, scheint den Menschen zu bestimmen. Vom indischen Weisheitslehrer Ramana Maharshi kommt die Aussage: „Es gibt nur eine Frage: Wer bin ich?".

Das gedachte Ich

In Porajs „Wer wir sind und warum wir enttäuscht werden" geht es um diesen Zusammenhang des Ichs und des Denkens. Die These ist, dass es eine wesentliche Täuschung um das Ich gibt. Nicht ein Ich existiert, das denkt, sondern über das Denken wird das Ich immer wieder erzeugt. Der Zusammenhang zwischen Denken und Ich lässt sich in der These zusammenfassen:

„Denn nur indem wir denken, sind wir ein Ich."
Gleichzeitig gilt:
„Das Ich ist nicht zu fassen, weil es nichts Festes, Fixes oder Statisches ist, und zum anderen, weil es in sich leer ist".

Das Denken kommt nach Poraj nicht zustande, „weil wir so viele Probleme haben, die unbedingt bedacht werden müssen. Keineswegs. Wir denken, damit wir sind." Das Ich sei das Ergebnis des Denkens. Es bedeute auch. „dass ich nicht so lange denke, wie ich am Leben bin, sondern dass ich so lange lebe, wie ich denken kann" (S.25)

Die Reihenfolge, erst Denken dann Ich, und die Unkonstanz des Resultats sind eine spannende These. Das Ich muss immer wieder mühsam konstruiert werden. Es verändert sich ständig. Diese Behauptung Porajs ist in Bezug auf das, was im 21. Jahrhundert ansteht, zu prüfen. Denn ständig versuchen im Alltag die Menschen ein Ich darzustellen und es aufrechtzuerhalten. Dies wird manchmal mit „Persona", der zu zeigenden Maske, beschrieben, so wie die Schauspieler im griechischen Theater sich Masken eines bestimmten Charakters vor das Gesicht hielten. Auch heutige Menschen sind einerseits auf der Suche nach ihrem Ich und einer stabilen Identität, weil das in der Gesellschaft erwartet wird. Verlässlichkeit, Wiedererkennbarkeit, Vorhersagbarkeit des Verhaltens sind wichtige Faktoren in vielen gesellschaftlichen Bereichen. „Predict and control" ist der Mechanismus, den man in gesellschaftlichen und politischen Bereichen zu erreichen versucht. Andererseits leben ganze Personal-Industrien von der Ermittlung der Persönlichkeitsstruktur eines Menschen.

In spirituellen Weisheitswegen wie auch dem Zen geht es oft um das Loslassen des Egos, der eher als rigide und entwicklungsfeindlich dargestellten Seite der Persönlichkeit. Aber ein Ich muss erst da sein, gegebenenfalls sogar aufgebaut werden, damit es wieder losgelassen werden kann. Wer kein „Ich" hat, ist krank, so Poraj in einem Vortrag auf einem Wirtschaftssymposium. Was bedeutet das denn jetzt? Nicht vorhanden, notwendig, oder was? Interessant ist, dass Poraj in seinem Vortrag Managern vorsichtig ans Herz legt, ihr Ich zurückzustellen. Dies ist bei den heute in den Vorständen millionenschweren Ichs ein interessanter Vorschlag. Wenn es heute jemand schafft, einige Jahre sein Ich im Vorstand eines DAX-Unternehmens zu platzieren, hat er materiell so ausgesorgt, dass er und seine Nachkommen sich nie mehr finanzielle Sorgen zu machen brauchen. Dieser Mechanismus sollte nicht vernachlässigt werden. Bestimmte Ich-Darstellungen werden in der Gesellschaft ungeheuer honoriert. Insofern könnte man es kaum als tröstlich ansehen, wenn sich das, was einen Menschen charakterisiert, irgendwie der Feststellung entzieht. Denn die Gesellschaft wird – vielleicht seit je her – von den „Alpha-Ichen" geleitet. Intelligente Narzissten, also Menschen, die andere ohne große Gewissensbisse in erster Linie zu ihrem eigenen Vorteil einzusetzen wussten, scheinen bisher überwiegend die Geschichte bestimmt zu haben. Wir feiern sie heute noch und die Geschichtsbücher sind voll von ihnen.

Ebenso geht es dem Glauben, einem in der Identitätsfindung und in der Spiritualität so wichtigen Bereich. Glauben lässt sich hier auch weit über religiösen Glauben hinaus betrachten. Aber auch Glauben ist von der Substanz (nur) ein Gedanke, mit dem man sich stärker identifiziert als mit anderen. Allerdings, so arbeitete Harari heraus, liegt im Glauben an eine „große Geschichte" die Spezialität des Menschen und der Grund für seine Überlegenheit. Menschen starben in der Geschichte auf den Schlachtfeldern oft für eine geglaubte Geschichte, die sie irgendwie für „groß" hielten. Religion, Nation, Land, Region oder ein charismatischer Führer.

Das „Ich" arbeitet außerdem sehr stark mit selbst ausgedachten und von anderen nahegelegten Erwartungen. Auch bezüglich dessen, ob ein Ich glücklich ist, gibt es interessante Formeln:

- Glücklich = es läuft alles besser als gedacht.
- Zufrieden = es läuft alles wie gedacht und geplant.
- Enttäuscht = es läuft nicht besser als gedacht, sondern schlichtweg ganz anders.

Eine Enttäuschung entsteht um das Ich herum und wird durch eine weitere Formel aufgezeigt:

„Ich + unangenehmes Gefühl = Enttäuschung"

Dem denkerischen Vorgehen und durch das Ich getriebene und getrübte Existieren steht das „Ich-lose" Schauen gegenüber. Es „besteht darin, ganz aufmerksam zu werden und so zu schauen, dass man das Schauen selbst wird. Es ereignet sich immer dann, wenn wir alles andere, was nicht das Schauen selbst ist, außer Acht lassen." Es geht darum, vom Ich zum Schauen zu werden. Die unmittelbare Wahrnehmung, ohne die Tönung und Filter der etablierten Vorstellungswelt, soll erstrebt werden. Die normalen Identifikationen mit den Rollen im Leben werden als Vorstellungen entlarvt. So hatte es auch schon der große indische Gelehrte des 20. Jahrhunderts, Ramana Maharshi, gesagt: Du denkst nur Du bist ein Manager, du denkst, Du bist ein Vater.

Poraj postuliert, dass Zen im Gegensatz zu anderen Ansätzen kein Konzept für die Wirklichkeit entwerfe. Dazu später mehr. Er kommt immer wieder auf das Ich zurück. Er nennt dies „tiefer bohren", an einer Stelle bleiben, aber tiefer gehen. Es scheint wie das Modellieren des Zazen-Prozesses, des immer wieder Sitzens auch zu sein. Jedes mal ein Stück tiefer kommen.

Poraj widmet sich dann dem Thema „Leere", wie das buddhistische Ziel Shunyata im Deutschen in der Regel etwas missverständlich übersetzt wird. Er beschäftigt sich mit der Frage, ob Leere immer Mangel sein muss. Bezüglich dieses zentralen buddhistischen Begriffes der

Leerheit erwähnt der Autor einmal kurz ein klassisches Zitat: Aus der Aussage des Herzsutra „alle Skandhas sind leer" – Skandhas sind die Wahrnehmungs- und Sinnessysteme – versucht er dem Leser nahezubringen, was Leerheit bedeutet. Die Leere ist für ihn etwas Erstrebenswertes. Leerheit bedeutet auch, dass selbst unsere Wahrnehmungen bedingt sind. Es ist nicht so, wie wir es sehen. Leerheit charakterisiert die Dinge an sich darin, dass sie per se nichts sind, sondern immer bedingt durch Ursachen, deren Wirkung sie darstellen. „Das Hinzukommen oder Fehlen einer einzigen Bedingung macht aus einer ähnlichen Situation eine ganz andere" (ebenda, S. 169). Hier wird die Leerheit der Phänomene an sich dann in der „klassischen" Interpretation nahegelegt. Übertragen auf den einzelnen Menschen ist das eine wichtige Erkenntnis. Wir sind einzeln nichts, obwohl wir oft die Sehnsucht spüren, allein und unabhängig klarkommen zu können. Aber auch die Angst des Angewiesenseins auf andere soll im 21. Jahrhundert chemisch vermindert werden, wie Harari darstellte.

Das innere Gedankenfeuerwerk, der Film und die Angst

Das innere Gedankenfeuerwerk, das Menschen treibt, kommt in der intensivieren Form des Meditierens im

Zazen in vielen Fällen irgendwann zur Ruhe. Dennoch „Zen ist nicht denkfeindlich", die Denkfähigkeit des Menschen sei in einem langen Prozess entwickelt worden. Die Wirklichkeit sei dann eine „Story aneinandergereihter Gedanken" (ebenda, S. 24). So ganz stimmt dies nicht. Die Gedanken sind natürlich nicht nur aneinandergereiht. Sie werden durch eine inhaltliche Logik aneinander geknüpft, so dass sie passen. Insofern ist der Mensch offensichtlich ein inhaltlich-geistig gesteuertes und kein nur technisch konditioniertes Wesen. „Also ist das ‚Ich' eine Geschichte" (ebenda). Auch das ist hinlänglich bekannt. „Das wiederholte Denken bestimmter Gedanken erzeugt nicht nur eine konkrete Geschichte, sondern auch eine Identität. Und diese Identität setzt sich selbst voraus, indem sie sich ständig neu denkt" (S. 23).

Zen sei nicht denkfeindlich ist Poraj´s These. Und der Autor zeigt sich auch als ein begeisterter Denker im Sinne der klassischen Rhetorik. Er erinnert etwas an Jiddu Krishnamurti, der mit scharfer, ausgiebiger Denk-Argumentation gegen das Denken zu Felde zog. Aber für den Zenkontext ist auch Folgendes zu beachten. Die Praxis vieler Zenschulen, in denen die Antworten, die die Meister in den Koans ihren Schülern geben, immer aus dem Denken rausziehen, wäre hier zu analysieren. Dort wird der Schüler bei denkerischer Fragen in der Regel auf einfache manuelle Tätigkeiten zurückverwiesen. Das Denken ist nicht der entscheidende Erkenntniszugang. Vielleicht gibt es innerhalb des Zen auch dazu zu wenig Antworten. Andere, außerhalb des Zen, etwa im Advaita der Inder Ramesh Balsekar, unterscheiden zwischen dem automatischen und dem gesteuerten Verstand. Letzterer ist das Instrument, das wir steuern und einsetzen können, wenn wir ihn für Planen und andere Alltagsbewältigungen brauchen. Meiner Erfahrung nach muss dieser Teil allerdings von dem anderen gereinigt werden und der Weg geht nicht direkt von einem zu anderen sondern durch Läuterung in der innere Stille, also das zeitweise Freisein von Gedanken.

Insgesamt trägt das Denken nur unzureichend zum Glück bei, weil man mit den Gedanken woanders ist als in der Realität. Der Tenor ist, „Enttäuschung hat mehr mit Gedanken als mit der Wirklichkeit zu tun" (S. 26). Die Errungenschaft des Sich-Identifizieren-Könnens sei groß, aber ebenso muss es die des Des-Identifizierens sein. Poraj stellt ähnlich wie Bernd Schmid in seiner Theatermetapher das Leben des Menschen in einer interessanten Film- und Leinwandmetapher dar (Schmid, 2003). Menschen würden es vorziehen, sich lieber in ihrem Heimkino ihrer gewohnten Vorstellungswelt aufzuhalten. Dies korrespondiert mit der Idee Alfred Adlers von der Lebensleitlinie oder Eric Bernes Lebensskript. Menschen entwickeln ein unbewusstes Drehbuch ihres

Lebens, in dem sie die Hauptrolle spielen. Dies tue der Mensch, weil er dort die Hauptfigur sei und auch um mit seiner Angst klar zu kommen.

Wir sind Angst

„Wir sind Angst" ist eine interessante These, die auch schon Christian Meyer ansatzweise formulierte. Als Erklärung für die Entstehung der Angst wird allerdings hier eine entwicklungspsychologische Hypothese in einer Kontraktionstheorie herangezogen. Bei nicht erwartungsgemäßer Reaktion der Eltern oder frühen Bezugspersonen reagiere ein Kind mit körperlicher Kontraktion, „Verengung". Eine sprachliche Verwandtschaft von Enge mit Angst wird beschrieben. Gleichzeitig bleibe immer im Leben noch das Nichts, die Bedeutungslosigkeit, „der größte Feind des Ich" (S. 63). Das „Mir fällt doch nichts ein" bedrohe das Ich (S. 65). Das von Angst beherrschte Beutetier aus der Evolution steckt in uns drin.

Wie man aus dem Nichts
dann doch ein Etwas macht

An einigen Stellen gibt Poraj auch Tipps, dem Denken zu entweichen:

„Handeln Sie doch einfach gemäß den Umständen und eben nicht gemäß Ihrer Vorstellung, wie die Welt sein soll. Dann und nur dann handeln Sie Ich-los. Ansonsten handeln Sie immer schon und immer nur Ich-bezogen", ein gewagte These, wenn man Kants kategorischen Imperativ damit vergleicht. Auch gelingt es Menschen in der Regel nicht den Kontext von der eigenen Interpretation desselben zu trennen. Aber hier zeigt sich ein wichtiger Zug des Ansatzes. Poraj versucht viele Täuschungen, auch die in vermeintlich und sogar in offizieller guter Absicht getragenen, zu benennen. Insbesondere eine gehörige Kritik an vielen spirituellen, auch Zen-Szenen, die das konventionelle Ich lediglich gegen ein spirituelles oder Zen-Ich austauschten, durchzieht seine „Ent-täuschung". „Wie man aus dem Nichts dann doch ein Etwas macht" (S. 74). Eine interessante Frage tippt er an, als es darum geht, was eigentlich mit dem Ich und damit auch mit der Erleuchtung passiert, wenn Demenz entsteht und fortschreitet. Ich hätte mir noch gewünscht zu lesen, was das für einen erleuchteten Meister bedeutet. Im persönlichen Gespräch hat mir Poraj die Demenz und das darin enthaltene Verschwinden des Ichs gerade als Beleg für die Substanzlosigkeit des Ichs benannt.

Zufriedenheit im Leben

Was macht uns eigentlich zufrieden? Der Abschnitt „Die Wirklichkeit, wie sie ist und was wir aus ihr machen" thematisiert Fragestellungen nach der Zufriedenheit im Leben.

Auch hier werden drei Täuschungen benannt (S. 162)

- erstens die der Gleichsetzung der Wirklichkeit mit den eigenen Vorstellungen,
- zweitens dass man immer „das Bessere" suche und dass dies zur Zufriedenheit führe
- und drittens, dass Zufriedenheit dadurch entstehe, dass das eintritt, was wir uns vorstellen und wünschen.

Der Einstieg in das Kapitel ist wieder das Denken. 60.000 Gedankenimpulse habe der Mensch am Tag, so zitiert Poraj die Wissenschaft. Ich dachte, als ich das las, bei nur 86.000 zur Verfügung stehenden Sekunden am Gesamttag und nach Abzug der Schlafzeit ist das eine ganze Menge.

Ziele setzen

Poraj analysiert außerdem hier, wie Menschen den Bezug zur Gegenwart verlieren. Ein Mechanismus dabei ist das verbreitete Setzen von Zielen, also eine Orientierung an etwas, was nicht in der Gegenwart ist. Ein zweiter ist der Konditionierungsmechanismus, der sich zwischen Vorstellungen und Gefühlen im Wechselspiel ergibt und dadurch eine Stabilisierung als Muster erzeugt, die man dann Erinnerung nennt. Zufriedenheit und innerer Frieden sei etwas ganz anderes. Auf Geduld komme es an, weil die Haltung des längeren Duldens ein Einverstandensein mit dem bringt, was ist. Die Überlegungen zu der typischen Vorstellung des Menschen, selbst der Fühlmittelpunkt der Welt zu sein, erinnern an das, was schon Porajs Lehrer Willigis Jäger als nach der kopernikanischen Wende (Abschied von der Erde als Mittelpunkt) weitere Wende angekündigt hat, dass das Ich als Zentrum des Ganzen aufgegeben werden müsse.

Zen-Übung

Zur Zen-Übung werden deutlich einige Blüten konfrontiert: „Sie beginnt, wenn wir nichts mehr wollen, oder noch direkter: Sie beginnt, wenn wir nichts wollen. Die Zen-Übung ist zu Ende, wenn Sie erleuchtet werden wollen oder wenn Sie sich entspannen wollen oder wenn Sie ihre Gedanken abschalten wollen. Noch anders formuliert: Die Zen-Übung endet immer dann, wenn Sie etwas anderes wollen als das, was gerade ist." (Poraj, S. 160)
In diesem Teil zitiert Poraj in der Betrachtung der Frage, was „das Gute" ist, einen klassischen Text. Es ist das Shinjinmei aus dem 7. Jahrhundert, das vor dem Unterscheiden und dem Auswählen warnt. Er stellt dem einen Kontext mit der üblichen Vorstellung in spirituellen Szenen gegenüber, dass man das Richtige wählen soll, immer in der Liebe sein etc. und dadurch den Geist zur

Ruhe bringe. Stattdessen empfiehlt er die Präsenz inmitten heftiger Gefühle. Eine wunderschöne Formulierung findet sich auf der Seite 133, wo es um die Stille geht: „Es ist wie mit Klang und Stille. Wir hören Töne, Geräusche und Klänge. Wir hören aber nicht die Stille. Und trotzdem ist sie da. Alle Töne sind Töne dank der Stille und in der Stille. Die Stille verschwindet nie, ganz gleich welche Töne erscheinen. Ein schmerzhafter Schrei ist ihr gleichgültig wie ein fröhliches Lachen. Sie unterdrückt keines von beiden. Sie ist gleichsam in beiden ganz anwesend und doch keine von ihnen. Wir können sie nicht hören, da sie kein Geräusch ist. Trotzdem ist sie da, immer direkt vor uns. In dem Augenblick, in dem kein Geräusch da ist, erscheint sie nicht, weil sie die ganze Zeit schon da war. Kein Geräusch könnte ohne sie da sein. Aber die Wahrscheinlichkeit, sie zu erfahren, ist größer, wenn die Geräusche mal für einen kurzen Augenblick nachlassen. Vor allem müssen die Geräusche nachlassen, die durch unsere Worte und Vorstellungen produziert werde, denn nur dann sind wir wirklich still. Ganz still."

Würdigung des Ich-Konzeptes

Insgesamt greift Poraj essentielle Grundthemen des Zen-Weges auf. Das Hinterfragen vieler Pseudoverhaltensweisen in der spirituellen Szene, hier mutig durchaus am eigenen „Stall" und Beispiel von Zen verdeutlicht, verdient Anerkennung. Die Entwicklung von der Ego-Orientierung hin zum Zen ist nicht dadurch vollzogen, dass ein neues Glaubenssystem mit neuen Ritualen und Vorstellungen angenommen wird. Poraj kritisiert Blüten in der Zen-Welt und steht da eher in der Tradition anderer Vertreter des Zen wie Bernie Glasmann oder auch Brad Warner, des Autors von „Hard Core Zen". Der Zen-Gemeinde zu attestieren, dass es wenig ernsthafte Übende gibt, ist schon sehr drastisch. Etwas vermisst man ein Einfühlen und Verständnis für die Menschen, warum sie sich diesem Weg hingeben. Denn häufig steckt Leiden dahinter. Sehr interessant ist die Thematisierung einer Grundangst des Menschen, der vor dem Nichtssein. Es geht dabei nicht um materielle Bedeutung. Selbst keine Bedeutung mehr haben für das Leben, für sich selbst und für andere ist die große psychische Bedrohung des Menschen. Diese existentielle Grundangst steckt hinter vielen anderen Ängsten. So wollen beispielsweise Suizidale eigentlich nicht ihren Körper umbringen, sondern primär ein bestimmtes Bild, das vermeintlich von ihnen existiert oder unter dem sie leiden. Insgesamt adressiert Poraj dabei doch ein Zenverständnis mit vielen explizit und implizit geäußerten Konzepten.

Nun zu den Konzepten und zentralen Begriffen und wie sie sich für das 21. Jahrhundert übertragen lassen: Als erstes zum Ich-Konzept, das von Poraj vertreten wird.

„Das Ich ist nicht zu fassen, weil es nichts Festes, Fixes oder Statisches ist, und zum anderen, weil es in sich leer ist". Aber es gibt Vieles, das nicht fest, fix oder statisch ist und dennoch noch lange nicht im umgangssprachlichen Verständnis – und dies nutzt der Autor hier, weil er keine andere Definition vornimmt – nicht leer oder nichts ist. Das „Ich" sei „nicht viel mehr als das Ergebnis aneinandergereihter Gedanken" (S. 26). Hier ist ein sehr kognitives Ich gemeint. Das Ich enthält auch die Ausprägung nicht-kognitiver bis hin zu körperlicher Elemente bei einem Menschen, vor allem auch Gefühle und Handlungsmuster, ist teilweise bewusst, aber noch viel mehr unbewusst. Es fußt auf Bedürfnissen des Menschen, bei denen der Übergang von physiologischen Bedürfnissen hin zu psychologischen sehr fließend ist. Auch Formulierungen wie „aber um Gedanken als Gedanken wahrzunehmen, bedarf es eben keiner weiteren Gedanken" (S. 26) kann man noch weiter vertiefen. Denn nicht der einfache Gedanke an sich, sondern der Bezug, den wir darauf nehmen, macht das Ich aus. Dass Gedanken da sind, ist ja erst einmal kein Problem. Sonst wäre die Atmung und die Temperatur des Körpers auch an sich ein Problem. Die Art und Weise des Denkens (rigide, verkrampft, getrieben, ...) und die Relevanz, die man den Gedanken gibt, sind entscheidend. Wie wir uns gegenüber unserem Verhalten verhalten, lässt das Ich oder

Selbst entstehen. Es erinnert an Kierkegaards Formel, dass ein Selbst – Kierkegaard gebraucht Selbst hier in dem Sinne des Ich – entsteht, indem wir uns in irgendeiner Weise zu einem Verhalten verhalten. Das Verhältnis, das wir zu unserem Verhalten haben, macht unser Selbst aus. Denken kann man psychologisch auch erst einmal nur als ein konditioniertes System verstehen, ohne den Bewusstheitsaspekt zu betrachten. Erst wenn die zweite quasi Metaebene dazu kommt, entsteht ein bewusstes Ich. Die Metaebene ist zwar auch eine Denkebene, aber eine etwas andere als die Fließbandproduktion der konditionierten Gedanken der ersten Ebene. Menschen stehen in Kontexten und diese Kontexte wirken auf die Menschen als Reize, die Gedanken als Reaktion auslösen.

Im Grunde entwickelt Poraj Zen als psychologische Theorie. Dies kann man als Beschreibung dessen, was im menschlichen Denken passiert, so sehen. Aber wieso entsteht eine Geschichte? Wieso macht der Mensch sich hier die Abbildung des und seines Lebens in sich konsistent. Denn falls das einmal nicht funktioniert, geht es uns nicht gut. Interessant ist aber der psychologische Mechanismus, dass und warum sich Menschen in der Regel eine zusammenhängende, konsistente Geschichte machen und die dann interessanterweise auch leben. Alfred Adlers Lebensleitlinie, Eric Berne´s Skripttheorie –

schön dargestellt in Schmale-Riedels Buch „Der unbewusste Lebensplan" (2016) – moderne narrative Theorie, haben die dem Menschen innewohnende Neigung aus seinem Leben eine oft frühentschiedene, aber dann tatsächlich gelebte Story zu machen, betont. Nicht zuletzt Festingers Theorie der kognitiven Dissonanz, die die Unaushaltbarkeit kognitiver Ungereimtheiten für den Menschen beschreibt und seine Neigung, das Ganze konsistent zu machen, spielen hier herein.

Das Gute und Richtige

Das Gute und das Richtige sind so einfach nicht festzulegen. Deshalb würde das auch meist auf eine außermenschliche Instanz wie einen Gott zurückgeführt. Formal ist dies in Verfassungen und Vereidigungen von Amtsträgern vielleicht noch der Fall. Aber durch die Aufklärung, die schlimmen Erfahrungen der Weltkriege und auch mit der Diskussion um die Menschenrechte sind hier säkulare Kontexte für bestimmte Verhaltensregeln bestimmend. Die Erwähnung Gottes scheint – sieht man einmal von einigen islamischen Ländern ab – mehr eine Kompromissformel für die gläubigen Bürger der Länder zu sein. Das berühmte Wort Nietzsches „Gott ist tot" ist insofern realisiert, dass beispielsweise in der Wissenschaft sich niemand mehr auf Gott bezieht, wie es aber über Jahrhunderte üblich war.

Fühlen

Manche Themen erscheinen bei Poraj doch sehr kognitiv beantwortet. Auf S. 181 wird gefragt: „Ist da jemand, der fühlt?" Da sei niemand. Wie kann man so etwas schreiben? Jeder, der intensiv fühlt, weiß, dass Gefühle da sind und sich auch irgendwo manifestieren. Es wird erfahren mit den Sinnen. Wie da etwas genau aussieht, das fühlt, ist demjenigen egal. Aber da ist das Gefühl. Möglicherweise ist da ein neuronales Netzwerk im Menschen, das Gefühle fühlt. Hier sollte man vielleicht eher die Antwort offen lassen als einer theoretischen Vorannahme folgen.

Zur Entstehung der Nicht-Zen-Haltung

Poraj's wesentliche Theorie zur Entstehung der großen Täuschung ist das Kontraktionsmodell. Als Entstehungsmodell für ein Herauskommen aus einer ursprünglichen, noch dem Zen näheren Haltung des Menschen wird eine körperliche Metapher genutzt, ein Vorgehen, dass günstig ist, weil es beim Hörer/Leser mitgespürt werden kann. Dennoch erscheint das Konzept etwas einfach. Dieses Angstursachenkonzept reiht sich ein in den Reigen der entwicklungspsychologischen Modelle, die Kindheitserlebnisse für spätere Gewohnheiten und Störungen verantwortlich machen. Diese Theoriefamilie ist populär, aber nicht die einzige. Alternativ zum entwicklungspsychologischen Ansatz könnte man beispielsweise auch systemische Erklärungen in Betracht ziehen. Aber entsteht Angst aus Verengung, Kontraktion? Für manche stimmt es vielleicht. Dieses Konzept schlägt sprachlich schön an. Verengung scheint der Weite des Erlebens dann entgegenzustehen. Andererseits könnte Verengung auch ein wichtiges Moment einer Strukturschaffung sein, die gerade das Zusammenleben der Menschen erleichtert. Aber insgesamt ist dieses sehr einfache Konzept im Zusammenhang mit Zen merkwürdig. Man fragt sich, warum es diese Erklärung braucht, weil sie eher psychologisch als Zen-bezogen ist. Wenn man die Zen-Erfahrung eigentlich nicht beschreiben kann, sollte man sich dann nicht von Erklärungsmodellen ihres Nichtzustandekommens auch fernhalten? Denn allzu leicht passiert dann ein Import von einfachen psychologischen Theorien. Im Grunde wird eine psychologische Theorie des Funktionierens des Menschen und des Zustandekommens verbreiteter Sichtweisen aufgestellt.

Die Angst
Der Mensch als ehemaliges Beutetier und heute für alle Lebewesen deutlich gefährlichstes Raubtier hat eine Geschichte, die ihn geprägt hat. Die Frage, warum Menschen aus der ursprünglichen Haltung der unmittelbaren Wahrnehmung herausfallen oder diese überlagert wird und dann in einem manchmal langen Prozess wieder zu-

rückgeführt werden müssen, ist eine zentrale Frage für Weisheits- und Aufwachenswege. Vielleicht ist aber gerade der kurvige Weg des menschlichen Lebens von einer Anfangsunversehrtheit über Zwischenphasen hin zu einer Erkenntnis, zum Aufwachen, Erleuchten, Erwachen etc. das Menschsein. Oder wieder: es ist den Menschen an dieser Stelle bisher kein Wissen zugänglich. Dies wäre besser zu konstatieren, als ein einfaches Konzept mit Plausibilität zu adaptieren. Einfachheit ist im Zen eine wichtige Errungenschaft, aber nicht was die Theorien über den Menschen anbelangt.

Generell ist die Frage, wie Zen ein philosophisches oder psychologisches System entwickelt, denn genau das stellt es dar. Es geht um das Zustandekommen von Denken, also von Kognitionen, genauso um die Wirkungsweise von Gefühlen. Dies ist Kerngebiet der Psychologie. Die psychologische Untersuchungsform wird als eine Form des Denkens bezeichnet (S. 31). Ähnliches steckt in Philosophie, Neurobiologie und spiritueller Analyse mit ihrer Vorgehensweise. Im Gegensatz zur Philosophie und Theologie macht echte psychologische Erforschung, wenn sie sauber arbeitet, allerdings kaum Grundannahmen über den Menschen wie er sein soll oder geglaubt wird. Das bedeutet jetzt nicht, dass sich keine anderen äußern sollen, aber es bedeutet, man bewegt sich in einem Feld, das schon sehr viele Leute vorher betrachtet haben und auch sehr viel Gescheites herausgefunden haben.

Menschen haben offensichtlich nicht nur physiologische Bedürfnisse, sondern auch aufgrund der menschlichen Existenz und seiner Wesensart bestimmte psychologische Bedürfnisse, etwa nach Kontakt und Gesehenwerden oder nach Struktur und Sicherheit. Deren Erfüllung löst angenehme oder unangenehme Gefühle aus.

Die Haltung, die man in der spirituellen Sucherszene und durchaus auch bei Zen-Übenden häufig trifft, der Satz „es ist wie es ist", wirkt wie eine Akzeptanznorm und hat schon ähnlichen Charakter wie die Achtsamkeitsnorm. Das Erfahren ist ein zentraler Erfassungskanal, den Poraj häufiger nahelegt. Was Erfahren genau ist und was es vom Denken unterscheidet, ist eine interessante Frage. Das Erfahren im Gegensatz zum Denken wird in der spirituellen Literatur sehr oft bemüht. Oft bleibt aber unklar, was es tatsächlich ist. Hier reicht die umgangssprachliche Verwendung des Begriffes nicht aus. Denn Erfahren ist ein Erkennen mit gleichzeitigem Vordringen in tiefere Erfahrungen auf Gefühlsebene.

Es reiht sich ein in die hier wie auch anderswo so häufig vorgebrachte Auffassung, dass man die spirituellen Phänomene nicht wirklich beschreiben könne. Wohl gemerkt, Alexander Poraj versucht dies mit dem Zen gerade hier zu leisten. Und seine offensichtliche Liebe zur

Sprache kommt da noch hinzu. Aber vielleicht ist es ein Mythos mit der Nichtbeschreibbarkeit, eine Täuschung, wie es der Autor an anderen Stellen auch annimmt. Möglicherweise lässt es sich beschreiben, wenn man es erfahren hat. Dann wäre aber diese spezielle Erfahrung auch zu definieren.

Resümee:
Als Individuum im 21. Jahrhundert

Insgesamt liegt die Alternative zu Hararis Szenario in einem intensiven Programm des persönlichen Lernens, der Auseinandersetzung mit sich selbst. Das reine Hingeben an Konsum- und Freizeitindustrie ist noch der Ausfluss des bedarfsorientierten Zeitalters, in dem tatsächliche physiologische Bedürfnisse die Menschen kennzeichneten. Es gilt heute das Menschsein-Lernen in den Vordergrund zu stellen. Dazu gehört wie gezeigt der bescheidene Umgang mit dem Alltag, das Fühlen-Lernen, die Annahme des Lebens und eine realistische Vorstellung der Persönlichkeit mit einer Entwicklung des Selbst. Das zunehmende Erkennen des Menschsein selbst am eigenen Beispiel ist der Auftrag des Lebens. Alle Vertagungen des Erkennens auf ein Leben nach dem Tod oder irgendwelche Himmel, wie es einige große Religionen oft nahelegen, verlieren an Überzeugungskraft.

Gleichzeitig bleiben wesentliche Aspekte des Lebens und auch die Existenz des Menschen ein großes Geheimnis. Dennoch wird der Mensch in der Dichte, in der er zurzeit auf der Erde lebt, nur mit einer veränderten Einstellung in Richtung der Belebung kontemplativer Seiten seine anstehenden Probleme lösen können.

Ausblick

Der zweite Band der Serie „Alternative zur Menschine" befasst sich mit dem Menschen in Beziehung, der dritte mit dem Menschen in Systemen, insbesondere in den Organisationen, zu denen er sich zusammenschließt, um Aufgaben zu lösen, die er alleine nicht lösen kann. Dabei kommen insbesondere neuere Modelle der Zusammenarbeit zur Sprache, die sich mit dem Abbau von Hierarchie befassen, das Thema Führung in neuer Form angehen und destruktive Beziehungsmuster zu vermeiden sucht. Stichworte dazu sind die Untersuchung „Reinventing organisations" von Frederik Laloux, aber auch die Ansätze „Sociocracy", „Holacracy" und Dialogische Organisationsentwicklung.

Literatur

Braun, F. (2017): Ich suche nicht, ich finde, München: Kösel.

Buck, J. And Villines, S. (2007): We the People: Consenting to a Deeper Democracy
Sociocracy.info Press

Harari, Y. N. (2017): Homo Deus - Eine Geschichte von Morgen, München: C.H. Beck

Meyer, C. (2016): Ein Kurs in wahrem Loslassen: Durch das Tor des Fühlens zu innerer Freiheit, Göttingen: Arkana.

Mohr, G. (2006): Systemische Organisationsanalyse, Grundlagen und Dynamiken der Organisationsentwicklung, Bergisch-Gladbach: Edition Humanistische Psychologie.

Mohr, G. (2009): Wirtschaftskrise – Von Angst und Gier zu Substanz und Anerkennung, Berlin: ProBusiness.

Mohr, G. (2015): Systemische Wirtschaftsanalyse Bergisch-Gladbach: Edition Humanistische Psychologie.

Poraj, A. (2016): Enttäuschung - Eine besondere Einführung ins Zen, München: Kösel.

Zölls, D. (2013): Jederzeit erwachen: Zen mitten im Alltag, München: Kösel.

Zeitfracht Medien GmbH
Ferdinand-Jühlke-Straße 7
99095 Erfurt, Deutschland
produktsicherheit@kolibri360.de